"十四五"职业教育部委级规划教材

ZHIBO XIAOSHOU YU
ZHUBO SUYANG

直播销售与主播素养

李星昱　兰　翔◎主　编
欧利惠　黄　乐　陆伟宁◎副主编

中国纺织出版社有限公司

内 容 提 要

本书对直播销售的全流程进行了介绍，并整合了"市场营销""推销实务""销售心理学""化妆造型"等课程的相关内容，遵循学生的认知规律，循序渐进地安排教学内容，合理设计学习任务，穿插理论知识，使学生边学边练，强化理论认知，提高学生直播销售的实践能力。

本书可供中职院校直播销售等相关专业的师生使用。

图书在版编目（CIP）数据

直播销售与主播素养 / 李星昱，兰翔主编；欧利惠，黄乐，陆伟宁副主编. –– 北京：中国纺织出版社有限公司，2024.6

"十四五"职业教育部委级规划教材

ISBN 978-7-5229-1535-7

Ⅰ.①直… Ⅱ.①李… ②兰… ③欧… ④黄… ⑤陆… Ⅲ.①网络营销－职业教育－教材 Ⅳ.① F713.365.2

中国国家版本馆 CIP 数据核字（2024）第 060880 号

责任编辑：孔会云 朱利锋 陈彩虹 责任校对：高 涵
责任印制：王艳丽

中国纺织出版社有限公司出版发行
地址：北京市朝阳区百子湾东里 A407 号楼 邮政编码：100124
销售电话：010—67004422 传真：010—87155801
http://www.c-textilep.com
中国纺织出版社天猫旗舰店
官方微博 http://weibo.com/2119887771
北京通天印刷有限责任公司印刷 各地新华书店经销
2024 年 6 月第 1 版第 1 次印刷
开本：787×1092 1/16 印张：7.75
字数：115 千字 定价：58.00 元

凡购本书，如有缺页、倒页、脱页，由本社图书营销中心调换

前　言

本书坚持"面向市场、服务发展、促进就业"的办学方向，充分体现以适应"理论与实践一体化"职业教育教学模式需求为根本，以满足社会人才培养需求为目标的指导思想，根据职业岗位群所需掌握的职业技能特点，结合企业实际需要，整合了"市场营销""推销实务""销售心理学""化妆造型"等课程中的相关内容，遵循学生认知规律，循序渐进地安排教学内容，合理设计学习任务，穿插理论知识，使学生边学边练，强化理论认知，提高学生直播销售的实践能力。

本书在编写中力求突出以下特色。

（1）以应用为核心，以促进就业和适应产业发展需求为导向。本书紧密联系生活、专业知识和企业实际，基于工作过程项目课程的设计思想，将学校的教学过程与企业的工作过程紧密结合，突出职业能力和素养的培养，充分调动学生作为学习过程主体的主动性、积极性和创造性。

（2）打破原有的理论框架，以具体任务设计教学项目。对教学内容进行整合，在各项任务中采用不同的教学活动，在资料阅读中选取不同的案例，以培养学生能力为重点，满足企业对应用技能型人才的需求。

（3）对应各个任务，都附有相关的理论知识。引导学生在了解这些理论知识、提高营销意识的同时，逐渐养成积极向上的人生态度，落实立德树人的根本任务，为将来能够胜任工作岗位打下良好的基础。

（4）编写团队构成合理，既有教学经验丰富的一线骨干教师，也有行业企业专家的深度参与。本书在编写过程中，深入行业企业进行实地调研，收集了第一手资料。

本书由李星昱、兰翔担任主编。李星昱担任执行主编，负责本书前期的编写、全书的统筹和各章的协调工作；欧利惠担任执行副主编。本书具体分工如下：第一章至第五章由李星昱、兰翔编写，第六章至第九章由李星昱、欧利惠、黄乐、陆伟宁编写。

　　本书在编写过程中得到许多单位和老师的帮助，在此一并表示感谢。

　　由于编者水平有限，本书难免存在一些不足之处，恳切欢迎广大专家和读者批评、指正。

编者

2023年11月

目 录

第一部分

网络销售基础知识

第一章

新媒体营销概述

第一节　新媒体简介

网络直播实质是一种基于网络技术的新型营销方式。了解、掌握新媒体环境下的营销学基本原理，是正确理解和开展网络直播营销的基础。

一、新媒体的产生背景

（1）互联网与智能终端技术发展迅速，形成市场创新基础。

（2）消费行为习惯变化。"60后""70后"已成为互联网消费的忠实追随者，"80后""90后"新锐消费群体的消费观念、需求、行为等较中老年群体已发生巨大的变化。

（3）传统媒体衰退，主动融合求变。互联网的飞速发展改变了行业界限和竞争态势，导致传统媒体行业如报纸、杂志等的销量持续下降。同时，大数据、人工智能等新技术不断发展，孕育着新的社会发展变革。

（4）在外界环境变化和内在发展需求的双重压力下，传统媒体主动寻求变革及融合，以期重新焕发活力。

二、新媒体的概念与类型

新媒体是指基于互联网技术、通信技术等，采用新的媒体经营模式，以个性化、互动化、精准化的传播方式，开创新的媒体内容与表现形式，创造新的媒体用户体验的现代媒体类型。

新媒体具有以互动化为核心、以平台化为特色、以个性化为导向等特点。当前主流新媒体大致可分为三种类型，每种类型又可细分为不同的平台。

（1）第一类型，微信平台和微博平台。这两类平台是各大企业都需要占位、深耕的新媒体平台。

（2）第二类型，直播平台、视频平台、音频平台。这三类平台是企业占位和强化宣传的阵地，娱乐化与多媒体化是营销推广的热门趋势。

（3）第三类型，问答平台、百科平台和论坛平台。这三类平台的公域流量（由于平台自身的影响力及受关注度而产生的流量）呈现快速增长的趋势。

三、新媒体的发展现状

1. 用户规模日益庞大，发展速度快

《第45次中国互联网络发展状况统计报告》显示，截至2020年3月，我国网民规模为9.04亿，互联网普及率达64.5%。其中农村网民规模为2.55亿，占网民总数的28.2%；城镇网民规模为6.49亿，占网民总数的71.8%。网络购物用户规模达7.1亿（图1-1）。网民规模的不断扩大说明新媒体用户规模也在不断扩大。

图1-1 网络购物用户规模

2. 短视频市场极速发展

短视频平台数量快速增加，规模持续扩大。巨型互联网公司纷纷布局短视频市场，以各自组织视频分发队伍的形式进行市场瓜分。

短视频行业的产品类型与服务更加多元化，短视频平台借助影响力不断推出符合总体趋势且有利于自身发展的营销手段。

3. 自媒体平台发展迅速，微信、微博影响力巨大

微信已经成为全民使用的移动通信工具，已实现对国内移动互联网用户的大面积覆盖。腾讯2020年第一季度财务报告数据显示，微信及Wechat（微信海外版）合并月活跃用户数量（MAU）已达到12.025亿，同比增长8.2%。

新浪微博2020年第一季度财务报告数据显示，截至2020年3月底，微博月活跃用户数量为5.5亿，净增长数量约为8500万，同比增长16%。

4. 信息新技术加速媒体融合，移动智媒化时代显现

新闻内容微创新，为受众设计个性化推荐阅览，移动化、可视化、个性化的多功能互联网平台已经成为新媒体发展的未来趋势。

建立在专业媒体及人工智能、云计算、大数据等技术的基础上，信息新技术已经从概念阶段走向实践阶段，媒体融合逐渐迈向智媒化阶段，媒体界限变得模糊。

四、新媒体的发展前景

（1）数字经济引领"数字中国"建设走上新征程。

（2）人工智能技术迅速发展，智能互联与万物融合时代加速到来。

（3）媒体融合系统性创新快速发展，效果评估不断得到规范。

（4）"一带一路"倡议等中国智慧持续推进我国国际传播能力提升。

（5）内容价值持续回归，内容付费成为新媒体盈利增长新热点。

（6）政务新媒体不断自我整合，服务功能逐步"实化"和"具化"。

（7）用户个体商业价值被激活，"社交电商"成为"新势力"。

（8）互联网治理趋势依然是严管严控，网络安全至关重要。

第二节　新媒体营销变革

新媒体营销作为企业营销战略的一部分，是新时代企业面对的全新营销方式。新媒体营销基于数字化技术，从传播互动性出发进行营销实施，并通过新媒体平台的消费者反馈及时调整传播策略和营销策略，针对不同个体进行个性化营销。新媒体营销的变革思想和实践贯穿新媒体时代（图1-2）。

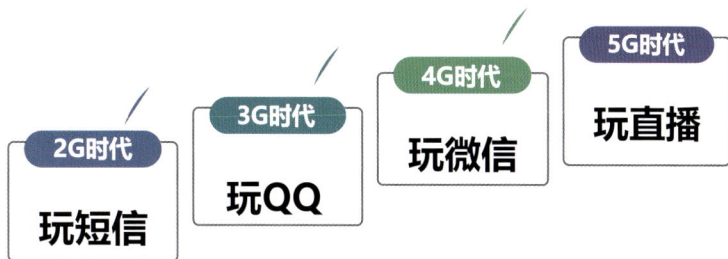

图1-2　新媒体时代

一、新驱动

新媒体拓展了人工智能及智能互动系统的应用领域，通过数字营销及标签优化算法赋能，使商品、消费者、媒体等多层商业要素实现快速匹配，从而实现了精准营销。

二、新目标

新媒体出现以后，营销方式和销售渠道都更加多元化，销售行为不再只发生在线下实体店，所有新媒体渠道都可以成为销售网络。

新零售的出现将电子商务的经验和优势结合到实体零售中。新零售是指通过线上、线下互动融合的运营方式，让消费者既能得到线下"看得见、摸得着"的体验，又能享受电子商务销售渠道的实惠价格。目前，新零售已成为新媒体营销的新目标。

三、新模式

新媒体最突出的特征是创造了传播者和受众之间的即时双向传播模式，从而催生了新的营销模式（图1-3）。企业与消费者的双向传播模式奠定了新媒体营销的开放性和参与性。同时，企业也越来越重视消费者对商品生产和购买过程的参与性。

四、新市场

互联网技术的应用使营销的重心逐渐从企业转向消费者，新媒体营销真正让消费者成为营销的主体和核心，从而创造出一个全新的市场。通过新媒体，企业可以开展多

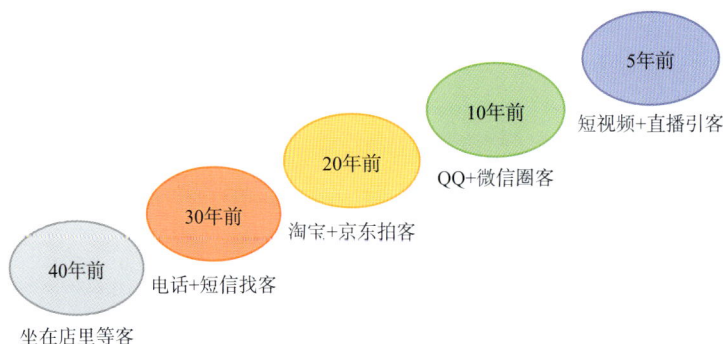

图1-3　新的营销模式

平台营销互动，实现营销的即时性、双向性。部分消费者也可以通过新媒体平台影响其他消费者。

第三节　新媒体对市场营销的影响

一、影响市场营销活动

1. 为企业产品宣传提供新平台

企业可以通过网络推广、广告植入等形式在网站上进行产品宣传，扩大产品宣传面。此外，企业可以通过门户网站或搜索引擎为产品定制广告。例如，企业可以围绕消费者的搜索需要设置关键词，提高商品被检索的概率，大大提升产品宣传效果。

2. 促进企业市场营销观念转变

新媒体营销渠道使消费者有更多的选择和机会，并实现与企业互动沟通。这种格局的改变促使企业必须转变市场营销观念，认真研究消费者在新媒体时代的需求，推出具有针对性的产品和服务，满足消费者需求。

3. 为企业掌握消费者资源提供平台

互联网技术发展改变了企业销售模式和顾客消费方式。企业可以通过收集消费者的消费经历、消费喜好等信息，利用互联网技术进行分类分析，从而了解消费者的真正需求，为其提供具有针对性的产品和服务。

4. 促进企业创新市场营销手段

在新媒体时代，消费者已经逐渐掌握产品选择的主动权。企业需要积极改变传统的营销思维和营销手段，采取互动体验、精准传达等营销方法，让顾客在消费过程中得到享受，从而营造良好的口碑，进一步提升产品宣传效果，促进销售。

二、影响市场营销策略

1. 转变市场营销观念，主动占领市场

在新媒体时代，市场竞争越来越激烈，消费者选择机会越来越多。因此，企业要积极转变市场营销观念，变被动营销为主动营销，深入了解消费者的真实需求，根据市场需求提供不同类型的产品，以满足消费者不同层次的需求。

2. 拓展新媒体营销平台，扩大市场影响力

企业可以通过新媒体平台开展市场营销。新媒体营销方式多种多样，第一，企业可以通过新媒体平台进行企业宣传；第二，企业可以通过新媒体平台进行产品信息发布和宣传，方便消费者及时了解产品信息和营销活动；第三，企业可以通过新媒体平台开展消费者需求调研工作，为企业市场营销和产品生产提供帮助。此外，企业还可以通过新媒体平台开展线上公共关系和客户服务。

3. 把握新媒体发展趋势，创新营销模式

（1）虚拟体验式消费。虚拟体验式消费是指企业使用相关互联网技术，创设一个开放、仿真的虚拟空间，让参与者间接体验产品或服务。这种体验方式保障了消费者的选择权，提高了消费过程中的趣味性、互动性，受到消费者的欢迎。

（2）广告植入式宣传。新媒体时代，植入式广告可以巧妙地将产品宣传信息融入有故事情节的视频中，若合理把握尺度，则既可以提升企业品牌形象，又可以将新媒体广告植入的无限切入性、低成本性等特点发挥得比较充分。在此基础上开展精准营销，营销效果将大大优于传统营销手段。

综上所述，新媒体影响消费方式、消费观念，企业要想在激烈的市场竞争中取得成功，就需要不断研究新媒体时代的消费者需求，转变传统市场营销观念，把握新媒体市场营销的特点和发展趋势，掌握营销主动权，为消费者提供精准的产品和服务。

第二章

直播行业及直播员的产生与发展

第一节　中国直播行业简介

一、直播行业发展

直播本质上是一种媒介，是一种信息传播工具。作为工具，直播能与多种业态相融合，产生新的生产力。中国直播行业始于2005年，经过十多年的快速发展，已经成为中国互联网经济中不可小觑的力量。当前，直播行业已经由PC端转向移动端，直播内容也由秀场直播向电商、体育、教育、社交等多领域直播渗透。

（一）直播1.0阶段（2005~2011年）

"9158"作为秀场直播的开拓者，是由视频网站演变而来的，类似的平台还有六间房、呱呱直播、YY直播等。这个阶段的直播以PC端为主，可以分为聊天室模式和演唱会模式。此阶段的直播内容相对单一，以秀场直播为主。

（二）直播2.0阶段（2012~2014年）

随着手机游戏产业进入爆发期，国内开始出现游戏直播平台，典型的平台有虎牙直播、斗鱼直播等。这个阶段的直播仍以PC端为主。除秀场直播外，游戏直播开始陆续登上中国直播行业的舞台。此阶段的直播内容逐渐呈现垂直化趋势。

（三）直播3.0阶段（2015~2016年）

随着资本涌入及智能移动通信设备的广泛应用，互联网上正式掀起了全民直播浪潮。这个阶段的直播由PC端转向移动端。在直播内容方面，娱乐直播获得较快发展，"直播+"内容多元化趋势明显。

（四）直播4.0阶段（2017年至今）

政府对直播行业进行规范性整顿，行业流量、主播和资本开始向主流平台聚集，直播战场大量转向移动端。"直播+"内容多元化涌现，逐步渗透到电商、体育、财经、教育、社交、音乐等各个领域。

二、现阶段直播行业态势

在现阶段，我国直播行业主要分为泛娱乐直播和"直播+"两个板块。其中，泛娱乐直播（主要包括娱乐直播和游戏直播）和电商直播（直播+电商）是目前我国直播市场的主力。

（一）泛娱乐直播与电商直播的营收对比

1. 泛娱乐直播

以游戏和才艺表演为主的泛娱乐直播平台的核心营收来源于直播打赏。打赏行为是用户认可主播后的单向消费，是否打赏取决于直播内容质量高低。泛娱乐直播平台的收入结构显示，用户打赏占营收来源的95%以上，广告及其他收入占营收来源的4%左右。

2. 电商直播

以商品交易为主的电商直播的核心营收来源于佣金分成。主播依靠人设和内容吸引流量，并借助流量优势获得低价商品，激发用户的购买欲，形成双向互惠关系。

（二）泛娱乐直播与电商直播的政策环境对比

直播行业在快速发展过程中出现了部分直播平台内容不规范等问题。为推动和促进行业有序和可持续发展，政府相继出台一系列政策，对直播内容、主播、直播平台等进行监管，同时对电商直播板块进行大力扶持。

1. 泛娱乐直播

国家相关部门对泛娱乐直播市场的监管日趋严格，针对相关问题发布了规范性文件，如：中华人民共和国文化部（现中华人民共和国文化和旅游部）发布的《关于加强网络表演管理工作的通知》，国家新闻出版广电总局（现国家广播电视总局）发布的《关于加强网络视听节目直播服务管理有关问题的通知》，中华人民共和国国家互联网信息办公室发布的《互联网直播服务管理规定》。

2. 电商直播

中央和地方政府对电商直播行业进行了大力扶持，目前已经形成良好的行业发展环境。

近年来，各级政府为破解农产品滞销等相关问题，提振消费信心，释放消费活力，纷纷利用各类平台进行市长、县长直播带货。参与直播带货的官员级别不断提高、地域范围不断扩大，直播销售的特色产品种类及数量等均呈现爆发式增长趋势。

第二节　直播行业发展趋势

一、技术发展持续推动直播行业发展

直播通过视频形式输出内容，并存在大量互动，视频播放的流畅性和互动氛围的渲染对用户体验有着重要的影响。5G（第五代移动通信技术）等新兴技术与直播技术的融合将使直播成本降低、直播流畅性提高、直播画面质感提升，并且将推动直播与更多商业业态相结合，使"直播+"获得飞跃式发展。

二、直播市场规模持续扩张

在线直播具有即时互动性和沉浸性等特点，使"直播+"拥有巨大的发展潜力。通过"直播+"赋能，未来在线直播与其他行业的结合将继续加深。各类型平台也在细化市场定位，深耕垂直领域，加强线上、线下联动，打造品牌IP，挖掘用户价值，形成各自的商业逻辑闭环。

三、直播行业向主流平台靠拢

随着行业监管力度加强，在线直播行业发展已开始回归理性，不良内容受到打击，中小平台纷纷退场，未来在线直播行业发展将更加规范，资本对直播行业的关注会集中于主流平台，在线直播行业竞争也将集中于主流平台之间。

四、多元化发展带动直播行业发展

新消费背景下，用户娱乐消费潜力具有释放空间，直播平台需探索新的商业模式、盈利模式以形成更多元化的发展，如加强主播IP商业化挖掘、探索电商直播新模式等。与此同时，短视频内容更加碎片化，用户黏性更强；直播内容价值更高，用户付费意愿更强。两者内容互相渗透，将获得进一步发展。

五、逐步进军海外市场

随着直播行业的发展，国内泛娱乐直播市场将趋于饱和，海外市场或将成为下一阶段泛娱乐直播发展的主要方向。除国内主流直播平台外，部分娱乐、科技企业将跨界发力，开拓海外直播市场。

第三节 直播员的产生背景

直播员是时代和行业发展的产物，这个职业的诞生与以下因素密不可分。

一、网络技术驱动

随着视频拍摄和编辑技术门槛的降低、智能手机的普及、软件应用程序的快速更新迭代、5G和Wi-Fi（一种短距离高速无线数据传输技术）高速网络介入技术的不断发展，以及各类直播配套设备的不断完善等，直播变得简单易学，且成本较低，逐渐成为大众的娱乐行为。

二、满足大众需求

网络直播可以将商品全方位展示给用户，满足了用户的好奇心。同时，观看直播也是大众日常消遣的一种方式。直播员能与直播用户进行在线交流，目标群体的即时互动需求能得到极大的满足。

三、商业驱动

随着互联网视觉语言成为主流，视频媒体已经成为与消费者沟通和互动的最有效媒体之　。视频可以更精准地传达品牌的内涵，引起更强烈的情感共鸣，且消费者对视频的记忆程度较高，因此将视频用于商业宣传具有得天独厚的优势。

巨大的商机催生了表演艺术直播、电子竞技直播、教育直播、明星直播等形式，也使网络直播成为目前最热门的虚拟产业之一。

四、满足个人表现欲

直播平台给普通大众提供了一个展示自我的舞台。

第四节　直播员的工作内容

随着直播行业的发展，娱乐直播与电商直播逐渐形成明显的差异。在这种影响之下，处于直播行业最前沿的直播员也形成两个发展方向，即娱乐主播（秀场主播）和电商带货主播（直播销售员），其工作内容主要包括以下方面。

一、才艺直播

才艺直播是网络直播的重要内容之一。演唱、舞蹈是常见的才艺展示，也是大众喜欢的现场直播形式。一名直播员如果有唱歌、跳舞等方面的才艺往往就能吸引较多的粉丝。

二、生活直播

生活直播是指主播对自己的日常生活进行直播。生活直播内容范围很广，既可以直播逛商场、大街，也可以直播户外活动，甚至可以直播家庭聚餐等内容。只要是合法、合规的内容，都可以在直播间呈现给观众。

三、搞笑直播

主播的搞笑能力往往不是天生就具备的。不少网络主播在刚开始做直播时，会先从微博、微信等平台上摘取各种搞笑段子并默背下来，在直播过程中遇到合适的时机再进行讲述，这既能帮助主播活跃与粉丝互动的气氛，也能给主播带来更多的人气。

四、聊天直播

聊天直播很大一部分工作内容是与粉丝寻找共同话题，与粉丝展开充分的沟通、交流和互动。在此过程中，很多聊天型主播会建立自己的人设，让粉丝产生更多的信任，进而收获礼物和打赏。

五、带货直播

带货直播的工作内容有：通过抖音、快手等直播平台引导粉丝关注直播间，提升在线人数；向粉丝介绍产品并引导下单；与粉丝进行互动，活跃气氛；通过数据不断反馈调整、优化直播内容，提高粉丝参与度，增强粉丝黏性。

第五节　直播员的发展趋势

一、门槛提高，趋向专业化

随着直播市场及直播行业步入成熟期，直播平台的竞争将转向对优质主播、优质内容及传播渠道的争夺，直播行业将有一定的准入门槛，对直播员的专业素养将提出更高的要求。

二、内容为主，价值取胜

平台是舞台，直播员是主角，两者相依相生、相辅相成。创造优质内容，传播有价值的信息是直播员的发展方向，能否占据直播平台的黄金段位与创作内容是否优秀息息相关。随着平台要求的提升、政府监管的加强及市场争夺的白热化，直播员的总体数量将有所下降，专业素质将有较大提高。达人直播与商家直播的区别是商家直播依托自有品牌，将店铺私域流量转化。达人直播依托于白由粉丝，内容生产力强，见表2-1。

表2-1　达人直播与商家直播的区别

达人直播	商家直播
人格化	品牌化
用户由感情驱动	用户因货品需求产生
货品每天更新	货品更新不稳定
内容紧凑、转化能力强	流水账展示、转化率一般
创业心态	工作心态
单人直播有时间限制	可多人24小时在线
粉丝从0积累	店铺有私域流量借力
非电商行业出身	电商运营能力强

第三章

直播销售职业素养与知识储备

第一节　直播销售职业素养

电商直播作为一种新兴的电子商务营销模式，相关行业规范和制度都尚在完善之中，作为从业人员，首先应当遵守爱岗敬业、诚实守信、遵纪守法、服务社会的职业道德。其次，针对电商直播行业信息效率高、流通环节少、交易成本低、发展升级快等特点，从业人员还应在职业活动中秉持勤于学习、乐于思考、勇于实践、敢于创新的职业信念，不断提高自身素质，加强职业道德修养，为电商直播行业的健康发展贡献自己的力量。

职业素养是指个人完成职业活动所需要的，具有职业环境特点、工作目的性、养成性、延续性、稳定性、基础性的条件和属性的综合情况。直播销售行业具有自身的发展特点和时代性，其从业人员需要具有一定的职业素养，主要包括职业素质、专业素养、综合素养。

一、职业素质

1. 忠于职守，坚持原则

忠于职守就是要忠于直播销售员特定的工作岗位，自觉履行各项职责。直播销售员要有强烈的事业心和责任感，坚持原则，注重社会主义精神文明建设，反对不良思想和作风。

2. 兢兢业业，吃苦耐劳

工作性质决定直播销售员要有一定的理论基础，还要有实干精神，能够脚踏实地、埋头苦干、任劳任怨。

3. 谦虚谨慎，办事公道

直播销售员要谦虚谨慎，办事公道，对粉丝要一视同仁，秉公办事，平等相待。

4. 遵纪守法，遵守道德

直播销售员要遵守职业纪律和与职业活动相关的法律、法规，遵守社会公德、商业道德等。

5. 恪守信用，严守机密

直播销售员要诚实守信，坚决维护商业信用和个人信用。直播销售员必须加强保密意识，严守机密，保证信息安全。

6. 实事求是，工作认真

直播销售员要一切从实际出发，理论联系实际。无论是搜集信息、提供意见，还是拟写文件，都必须端正态度，坚持实事求是的原则。

7. 刻苦学习，勇于创新

现代社会科学技术发展突飞猛进，知识更新速度加快。直播销售员应该具有广博的科学文化知识，以适应工作需要。同时，作为复合型人才，直播销售员还应具有强烈的创新意识和创新精神。

8. 钻研业务，爱岗敬业

直播销售员只有了解和熟悉与自身职业相关的领域中的最新成果，才能更好地掌握工作中的各项技能，在实践中不断地学习和提高。

二、专业素养

1. "网感"

"网感"是指对网络上热点消息的敏感度，对当前趋势的一种判断力。直播销售员要对时事、热点问题具有敏感性，对网络语言、网络流行趋势具有判断力和把控力。

2. 文案能力

文案能力是指撰写优秀文章的能力。直播销售员要具有扎实的写作功底，要有一套输出文章的精密逻辑，同时要能够自由切换语言风格来适应不同的营销环境和处理不同的营销素材。

3. 审美能力

直播销售员应具有把握细节美的能力。"注意力经济"时代，直播销售的文案排版、视频画面等就是吸引"注意力"的核心。赏心悦目的直播现场风格、有格调的背景图片、有美感的画面等都能带来良好的传播效果。

4. 创新能力

好的创意往往能深入人心，得到大众的认可，在网络上形成意想不到的影响力。直播销售员要大胆创新，用新颖的内容与形式吸引大众的目光。

5. 学习能力

直播销售员一定要对身边事物充满好奇心，同时要充实自己的知识库，不断学习新知识、新技能，一些好的直播创意往往就来自对新事物的体验。

6. 分析能力

直播销售员应具有良好的数据分析能力。直播销售将面临后台阅读、互动、分享、留言评论等大量数据运营工作，了解数据形成的原因并预测趋势是直播销售员的优秀素养之一。

三、商业素养

直播带货作为一种全新的营销模式，本身就是商业活动中的重要一环，因此，从业人员需要具备基本的商业素养，具体包括以下四个意识。

（1）市场意识。即在商业活动中按照市场需求提供专业服务，按照市场经济规律谋划发展的意识。

（2）风险意识。即在商业活动中对时间、成本、人员、效益等商业运营环节可能存在的风险进行预判、规划和应对的意识。

（3）规则意识。即在商业活动中自觉遵守商业活动伦理、行业规范和企业制度的意识。

（4）服务意识。即在商业活动中为相关利益方、合作方提供热情、周到、主动服务的意识。

四、综合素养

电商直播作为一种全新的营销模式，尚处在发展阶段，因此需要从业人员具备过硬的个人综合素养，为行业的持续发展提供支持。结合电商直播行业属性，从业人员应具备的综合素养包括以下几点。

（1）团队合作意识。即具有良好的团队意识和精神，能够围绕一个统一目标，在团队内部进行有效的组织协调工作。

（2）沟通交流能力。即能够在事实、情感、价值取向和意见观点等方面采用有效且适当的方法与对方进行沟通和交流的能力。

（3）复盘能力。即具备通过对某个周期、阶段或时间点的思维、行为进行回顾、反思和探究，进一步提升自身思考与行动水平的能力。

（4）抗压能力。即能够承受高压工作环境、职业逆境等带来的心理压力，有效调节负向情绪的能力。

第二节　直播销售相关的法律知识

根据《互联网直播服务管理规定》，互联网直播是指"基于互联网，以视频、音频、图文等形式向公众持续发布实时信息的活动"。

直播销售是在互联网直播过程中，对商品或者服务进行介绍、展示、说明、推销，并与消费者沟通、互动，以达成交易的商业活动，和其他商业活动一样，要遵守相关法律。

一、法律的概念

法律是由国家制定或认可，并由国家强制力保证实施的人的行为规范体系。在社会生活中，任何人的行为都受到法律的规范和约束。

二、法律责任

法律责任是指行为人因违反了法定义务或合同义务，或不当行使法律权利、权力所产生的，由行为人承担的法律上的不利后果。根据违法行为所违反的法律的性质，法律责任可分为民事责任、行政责任、刑事责任。

三、直播销售行为规范与法律责任

根据《互联网直播服务管理规定》，结合直播销售员及平台的经营模式，直播销售员的法律地位可以定位为电子商务经营者、广告经营者、广告代言人、广告主、互联网直播发布者等。

1.《中华人民共和国民法典》的相关规定

电子商务经营者应严格按照双方形成的合同关系提供产品或服务。

2.《中华人民共和国电子商务法》的相关规定

（1）登记。电子商务经营者从事经营活动应当依法办理市场主体登记，包括注册个体工商户、合伙企业或公司等。

（2）禁止误导消费。电子商务经营者不得通过刷单促成交易量、虚构评价、虚假宣传等方式误导消费者。

（3）捆绑销售需明示。电子商务经营者如需捆绑销售商品（如套餐、礼盒等），应当以显著方式提醒消费者注意。同时，不得在购买页面上将这种打包销售方式设置为默认同意的选项。

（4）押金需退还。涉及购物押金合同的，应当显著标识押金退还方式及程序、不能设立不合理条件。

3.《中华人民共和国广告法》的相关规定

（1）符合社会主义核心价值观。电子商务经营者一般作为广告主，委托广告经营者制作和发布广告。广告应符合社会主义精神文明建设，符合弘扬中华民族优秀传统文化的要求，符合社会主义核心价值观。

（2）符合用词、用语等内容规定。广告中禁止使用中华人民共和国国旗、国歌、国徽、军旗、军歌、军徽；禁止使用"最佳""国家级别""最高级"等类似用词；禁止贬低国家，妨碍社会稳定；禁止含有色情、低俗、暴力等内容；禁止含有民族、宗教、种族、性别歧视的内容；禁止危害他人人身、财产安全，禁止泄露个人隐私。

（3）禁止夸大。电子商务经营者不得发布处方药广告，医疗、药品、医疗器械广告不得夸大效果，不得说明治愈率或有效率，不得与其他公司同类药品进行比较，不得利用广告代言人作证明。

（4）禁止虚假宣传。不得发布虚假、令人误解的广告。电子商务经营者发布的广告中所对应的商品或服务应实际存在，商品或服务的一系列信息与实际信息不符的、使用虚构科研成果的、虚构商品或服务效果的、欺骗误导消费者的，均属于虚假广告。

4.《中华人民共和国消费者权益保护法》的相关规定

（1）用户为生活消费需要在电商平台上购买、使用商品或接受服务，其权益受本法保护。

（2）用户在购买、使用商品时合法权益遭受损害，可以向电子商务经营者主张赔偿。电子商务经营者赔偿后，属于生产者或其他销售者责任的，电子商务经营者可以追偿。

（3）用户在购买商品时遭遇虚假广告、虚假宣传的，可以向电子商务经营者主张赔偿。广告经营者、互联网直播发布者发布关系用户生命健康的广告，给用户造成损害的，需要承担连带责任。

（4）电子商务经营者提供的商品或服务与其所发布的广告不符，首先可能构成发布虚假广告，其次可能按照用户购买商品或接受服务的价款的三倍进行增加赔偿。

（5）电子商务经营者存在提供不符合质量要求的商品、以次充好的商品、明令禁止生产的商品，销售失效变质的商品，伪造商品或质量认证，销售应检疫而未检疫的商品，虚假宣传等情形的，严重的可能会被吊销营业执照。

四、相关刑事犯罪

1. 非法经营罪

有下列行为之一的，构成非法经营罪。

（1）未经许可，经营法律、行政法规规定的专营、专卖物品，或者其他限制买卖的物品。

（2）买卖进出口许可证、进出口原产地证明，以及其他法律、行政法规规定的经营许可证或批准文件。

（3）未经国家有关主管部门批准，非法经营证券、期货、保险业务，或者非法从事资金支付结算业务。

（4）从事其他严重扰乱市场秩序的非法经营行为。

2. 虚假广告罪

互联网直播发布者虽不属于严格意义上的广告发布者，但其面对不特定用户介绍商品并发布商品链接的行为本质上属于向观众介绍和推销商品的商业广告活动，具备广告发布者的特征，若有虚假宣传商品行为，情节严重的，构成虚假广告罪。

3. 销售假冒注册商标产品罪

电子商务经营者、互联网直播发布者在直播中售卖明知为"山寨货"等致使用户产生混淆的产品，可能构成销售假冒注册商标产品罪。

4. 生产销售伪劣产品罪

电子商务经营者、互联网直播发布者在直播中售卖明知为不符合质量标准的产品，可能构成生产销售伪劣产品罪。

第二部分

直播销售实施流程

第四章

直播销售计划实施

直播是一种实时性、互动性显著的互联网传播形式。不同于传统的文字、图片、视频等传播形式，直播将用户与直播内容紧密联系在一起，用户本身也是直播内容生产的一分子。如何进行一场完美的电商直播，如何做好直播销售计划，是很多从事电商直播的人面临的现实问题。下面以抖音平台的美妆电商直播为例，探讨如何实施完整的直播销售计划。

第一节　直播销售流程

一、确定受众群体和主播风格

实施直播销售计划的第一步是根据平台属性确定用户画像，根据需求明确受众群体，针对受众群体确定主播风格。巨量算数（一个数据分析平台）发布的2020年抖音用户画像报告（报告数据均采集于2020年1月）显示：抖音DAU超4亿，较去年同期增长60%；男性、女性用户较均衡，19～30岁年龄段用户占比较高；抖音女性用户对美妆、母婴、穿搭等内容的偏好度高。

根据以上用户画像，结合美妆直播的受众群体以女性为主的事实，以及消费能力方面的考量，在抖音上进行美妆电商直播应以"80后""90后"女性为主要传播对象。针对这个受众群体的兴趣偏好，主播风格应为年轻、时尚。

二、商品准备

确定受众群体和主播风格后，要开始选定商品，做好直播前商品准备。

1. 选定商品

直播选品应尽可能选择自营商品、厂家直供商品，以及流通少、"新奇特"的高毛利润商品。直播销售的商品大致可分为引流款商品、爆款商品、利润款商品。

（1）引流款商品。引流款商品是指能为店铺和店铺商品带来流量的商品。引流款商品价格不能过高，与爆款商品相配合，将会有较好的引流效果。建议店铺准备4～5款引流款商品。

（2）爆款商品。爆款商品是指售卖非常火爆的商品，具体表现为高流量、高曝光量、高订单量。一般情况下，爆款商品的价格都不高。因此，爆款商品一般不是利润的主要来源。对于拟作爆款的商品，在销售前期应尽量降低利润，甚至做好无盈利的准备，方便将其打造为爆款。建议店铺准备1～2款爆款商品。

（3）利润款商品。除引流款商品和爆款商品外，店铺其他商品都是利润款商品。利润款商品流量不多，但利润较高。确定直播商品的种类、数量与比例（直播商品结构设置）是经营店铺的一个重要环节，是直播销售的基础。

2. 直播前商品准备

根据选定商品，向品牌方申请品牌授权，要求做到一次性申请，即一次性将样品需求、商品卖点口播资料、库存锁定数量、品牌方客服准备等内容确定下来。

上述申请通过后，提前清点商品数量，直播前提前锁仓。提前14天（最少5天）确定需要的样品及数量，并申请样品。日常样品一般每月申请一次，独立邮寄，需复查核对。应尽可能避免出现临时需要样品的情况，防止发生未能及时发货的情况。

三、销售运营

目前抖音销售运营的方式主要有三种：商品橱窗、抖音小店和天店通小程序。

1. 商品橱窗

商品橱窗是开通门槛最低的一种销售运营方式。只要开通抖音App创业中心的申请商品分享功能，并实名认证，即可添加来自第三方平台的商品信息。商品橱窗的缺点在于需要跳转第三方平台交易，并且带货佣金不高。

2. 抖音小店

抖音小店是抖音官方电商入驻平台，开通门槛较高。商家必须有第三方店铺，各项指标要达到一定标准，同时要为企业主体，并需提供包括商标授权书、质量合格证等在内的各种资质文件。签署在线合同后，商家需缴纳一定数量的保证金，最后才能上架产品，进行销售。

3. 天店通小程序

天店通小程序的中请门槛介于商品橱窗和抖音小店之间，个人和企业均可申请，相关功能需商家找到第三方小程序"天店通"进行开通。天店通小程序的优点在于没有平台佣金，并且流量入口更丰富，有"拍抖音""收藏""最近使用"等全民挂载和留存入口。

第二节　提炼商品卖点与设计直播活动

一、提炼商品卖点

商品卖点是指商品具备的与众不同的特色。商品卖点既可以是商品自身带有的属性，也可以通过营销策划人的想象力、创造力产生。无论商品卖点从何而来，只要能落实到营销战略、战术中，使消费者接受、认同，就能达到畅销甚至建立品牌的目的。

提炼商品卖点需要从提炼商品的基本元素出发，综合情感诉求、功能诉求、原料诉求、历史诉求、工艺诉求、产地诉求、技术诉求、品牌诉求、色彩诉求、感觉诉求、欲望诉求等诸多消费诉求，进行横向和纵向比较，从而最终确定商品卖点，如图4-1所示。

二、直播活动设计

1. 开场满送

开场满送是指直播在线人数达到一定数量时抽奖赠送相关礼品，中奖的消费者可从后台联系助理免费领取礼品。例如，开场在线人数满1万赠送面膜，共5份。

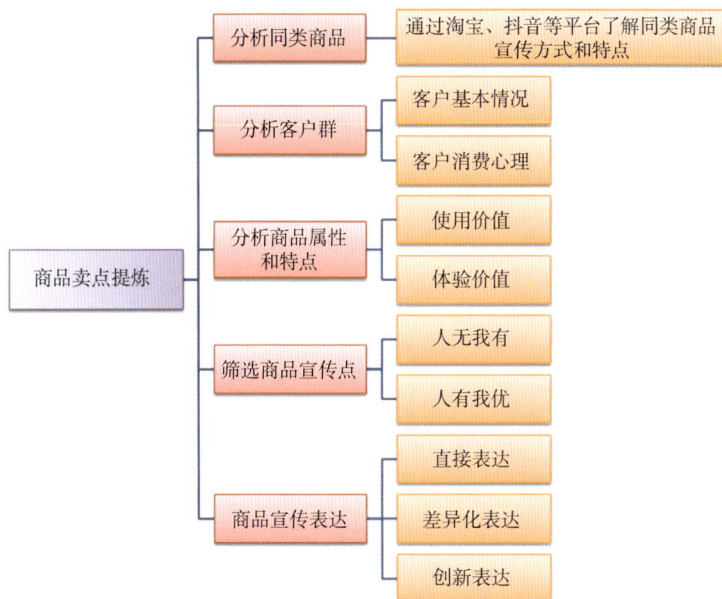

图4-1　商品卖点提炼

2. 神秘黑盒

神秘黑盒类似于福袋，即随机放置超额产品来回馈粉丝。

3. 问答活动

问答活动一般围绕品牌及商品信息，通过一问一答的方式来扩大品牌影响力，答对的粉丝有机会获得一份随机赠送的礼品。

4. 下播优惠券

下播（结束直播）后，粉丝可以领取优惠券购买商品。

第三节　流程策划与人员分配

一、流程策划

1. 预热推广

直播开始前要进行预热推广，增强用户的记忆，为正式直播引流。预热推广的有效方法之一是预热活动，即让用户通过预热活动入口直接预约参与直播活动，提前发布直播预热视频和海报，通过多渠道发送预热浮窗，预热推广以短视频形式为主。

预热推广能提醒粉丝前来观看直播，预热推广做得好的直播活动可以得到粉丝的关注。预热推广时最好使用自家商铺账号，这样可以将用户关注的流量把握在自己手中。

2. 现场控制

直播的不可逆性决定一定要有良好的现场控制。时间控制是现场控制的重点，一旦时间没有控制好，后面的流程就都会被打乱。因此，主播一定要事先熟悉直播内容和直播产品。

直播过程中的人员分工也是关键。运营人员要实时跟进直播活动。直播开始后，要迅速将直播链接分发给各个渠道，并且保证粉丝通过各个渠道的链接都能正常进入直播间。实时跟进直播活动的同时，要做好直播间的维护工作，避免直播过程中出现突发问题。

3. 播后复盘

直播活动结束后，除了要及时跟进中奖者，确保用户体验，还要进行复盘，即内部讨论本次直播是否达到了预期效果、出现了什么问题、以后如何避免等。播后复盘是为下次直播活动积累经验。

二、人员分配

一场完美的直播销售需要主播、客服人员、运营人员等多方面协调配合。主播的相关工作前文已有介绍，下面简单介绍其他人员的工作分配。直播团队工作分配如图4-2所示。

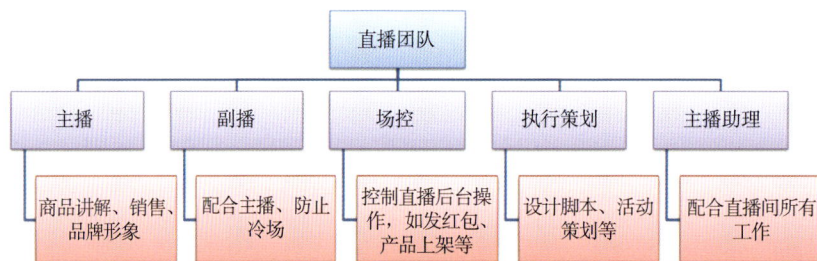

图4-2　直播团队工作分配

现在网络发展很快，尤其是电商的到来给大家提供了很大的便利，直播火起来之后让电商看到了其中的商机。直播带货主要就是利用粉丝的流量，从而给商家带来更好的销量，商家分给主播一部分销售利润或者直接聘用，让主播在直播间推荐产品，打广告。主播类别如图4-3所示。

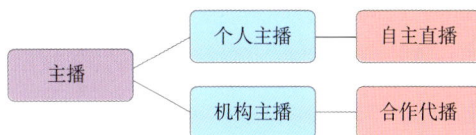

图4-3　主播类别

运营人员也要全程陪播，保证店铺正常运营，负责后台数据（包括单品销售份数及金额、全场销售金额、进店人数、关注人数等）监测汇报，确保商品上架链接正确，进行价格核对和调整等。运营团队类别如图4-4所示。

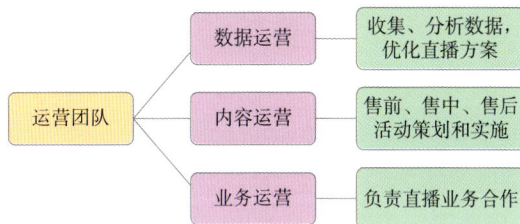

图4-4　运营团队类别

客服人员要提供完整而连续的售前、售后服务。客服团队类别如图4-5所示。客服人员的主要任务有以下两点：

（1）全程陪播。客服人员要全程陪播，进行活动规则提醒、抖音获奖名单记录、剩余时间、库存提醒等工作。

（2）后续服务。下播后，客服人员应继续服务2h以上，进行产品卖点答复、相应优惠券发放、发货问题回复等工作。

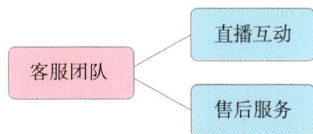

图4-5　客服团队类别

直播前准备

第一节　场地准备

一、直播地点选择

直播地点选择在实体店铺或商品工厂较好，这样可以让消费者实时看到商品，看到商品生产过程，从而更能吸引消费者，消除消费者的疑虑，符合消费者的心理。直播地点也可以选择在工作室、小直播间等。

二、直播场地布置

选择好直播地点后，要进行直播场地布置。直播间的灯光布置尤为重要。优质的灯光效果可以直接影响观众情绪，进而影响观众在直播间停留的时间。一般可以用环境灯、侧光灯、前置灯等让直播间看起来更明亮，方便观众清晰捕捉主播的一举一动，清晰观看产品介绍。开播前，直播场地一定要确保干净、整洁。

三、直播设备调试

直播前必须进行设备调试，确保直播过程中不出问题。设备包括声卡，箱（室内用，调节气氛）、收音设备、手机（主播、监播各一部，另一部用于互动）等。

四、直播人员准备

（一）开播阶段

1. 技能要求

（1）能根据平台规则开通直播。

（2）能根据规范和标准选择商品。

（3）能根据选品要求搭建直播场景。

（4）能拍摄并剪辑短视频。

2. 相关知识

（1）了解直播功能开通流程。

（2）了解选品规则和选品标准。

（3）掌握直播间场景搭建技巧。

（4）掌握短视频拍摄与剪辑技巧。

（二）直播阶段

1. 技能要求

（1）能运用引流工具进行账号引流。

（2）能根据选品进行分享讲解。

（3）能流畅、自然地开展直播，体现较好的综合职业素养。

2. 相关知识要求

（1）掌握账号引流技巧。

（2）掌握直播展示基础知识。

（3）掌握直播表现技巧。

（三）售后阶段

1. 技能要求

（1）能处理平台订单。

（2）能根据具体问题开展售后服务。

（3）能开展粉丝互动营销。

2. 相关知识要求

（1）熟悉订单处理（接单、发货）流程。

（2）掌握售后服务基础知识。

（3）掌握粉丝营销基础知识。

第二节　平台准备

一、开通抖音直播权限

抖音直播是北京字节跳动科技有限公司推出的直播平台，定位于社交类短视频直播。

（一）抖音直播权限开通条件

个人注册账号后，经过实名认证即可开通直播权限。如需开通购物街权限，则需要满足粉丝数超过1000人、个人发布视频作品超过10个，或认证为商家账号（需支付一定数额的押金）的条件。在计算机端开通直播权限进行直播，需要满足粉丝数量超过1000人的条件，且该功能仅支持Windows系统。企业账号只要完成平台认证即可开通直播权限。

（二）开通抖音直播权限操作方法

1. 个人实名认证步骤

打开抖音个人主页后，点击右上角按钮，选择其中的"设置"，然后选择"账号与安全"，在"账号与安全"页面中找到"实名认证"，根据系统要求填写相关信息后，点击"开始认证"，系统会提示认证后信息将不可更改，此时点击"确认认证"，待收到"申请开通成功"提示后，即可开始个人直播。需要注意的是，目前抖音直播平台的个人直播功能不向未成年人开放。

2. 企业认证步骤

企业用户可以登录抖音官网，在"企业合作"条目下选择"企业认证"，根据系统要求填写相关信息，完成认证后即可以企业账号开通直播功能。认证要求如下。

（1）账号需绑定手机号。

（2）账号信息应符合企业身份，包括头像、用户名、签名等均不能以个人身份申请认证。

（3）申请企业认证需支付审核服务费，认证一年有效，认证账号需参加抖音直播平台年审。

以官方认证的企业账号开展直播，可以更好地经营自身品牌。企业账号进行直播，只需要在打开抖音企业主页后点击右上角的按钮，选择其中的"设置"，然后点击进入"企业服务中心"，在"变现能力"一栏中点击"开始直播"即可。

二、直播平台规则

随着电商直播的爆发式增长，各类电商直播平台蜂拥而至，多平台的出现，在促进直播行业快速发展的同时，也带来了恶性竞争、管理无序等问题。因此，主流电商直播平台都发布了各自的直播规则。对于依托相关平台开展直播的主播们而言，不仅需要学习掌握具体规则，还需要在直播过程中严格遵守相关规则和条例。目前，电商直播中较为常见的通用性规则主要涉及信息发布、主播和直播间环境三个方面。直播平台规则见表5-1。

表5-1 直播平台规则

信息发布	（1）不得发布危害信息，包括但不限于敏感信息、淫秽色情信息等 （2）不得发布不实信息，包括但不限于捏造细节、夸大事实、不实宣传、虚假中奖信息、所推广商品信息与实际不一致 （3）不得发布垃圾广告
主播	（1）着装得体，不得穿着过于暴露 （2）言论严谨，不能发表违反国家法律法规的言论，不能说脏话 （3）行为端正，严禁直播违法乱纪事件，严禁展示危险事件，严禁穿着过于暴露进行低俗诱惑性舞蹈等
直播间环境	（1）严禁在敏感时期、敏感场景中或反党反动的环境中进行直播 （2）严禁在私密环节下进行直播表演 （3）严禁在涉黄、涉赌场所进行直播表演

除上述通用性规则外，各直播平台还依据自身的定位和特点制订了相应的平台操作细则，在此以抖音直播平台为例介绍相关要求。

（一）抖音直播平台规则

1. 抖音直播内容要求

目前，抖音直播平台对直播内容的管理主要有"七条底线"要求，即发布内容和信息不可违反或违背法律法规、社会主义制度、国家利益、公民合法权益、社会公共秩序、道德风尚和信息真实性。具体管理细则可查看抖音官网《"抖音"用户服务协议》中的抖音信息内容展示与规范条目。

需要注意的是，未成年人直播、冒充官方开播、非本人实名认证开播等均属于严重违规。对于发生严重违规的主播，平台将永久封禁主播账号或永久禁止开播，并保存相关违规资料。

2. 抖音直播封面图要求

抖音直播封面图要求面质清晰，无杂乱背景。例如，才艺主播的封面图应明确表明才艺内容，使用表演才艺的照片尤佳；手工、绘画、萌宠等直播封面图不要求主播本人出镜，可使用作品照片，但照片必须清晰。

需要注意的是，使用非本人照片或与直播内容无关的图片，如明星、风景、卡通形象等图片，着装过于暴露、动作低俗不雅的图片，像素过低、有拼图、自拍贴纸、马赛克、文字、广告（如相机Logo）、二维码、有黑边或白边等的图片，将一律被抖音直播平台视为低质量封面图，不仅影响主播登上推荐页，甚至可能导致主播的直播间被隐藏。

（二）抖音直播平台操作

抖音直播主要集中在手机端，分为视频直播、语音直播和游戏直播三类。直播带货以视频直播为主，具体操作方法如下。

（1）打开抖音App，页面最下方会出现5个按钮：首页（抖音首页）、同城（用户位置）、"+"（直播功能键）、消息（来自系统的消息）、我（个人主页面）。

（2）点击中间的"+"键，即可开始直播。

（3）开始直播前主播需设置好封面图、话题、美化、道具等。其中，封面图要选择与直播内容高度匹配的图片；话题选择要紧扣直播主题，可简单概括，字数控制在14个字符以内；对于美化功能，主播可根据个人状况和直播需求有选择地开启，如主播个人气色不佳可选择美颜，主播售卖化妆品可选择个人滤镜等；道具可用于活跃直播间的气氛，增添直播趣味性，主播可根据直播内容进行选择，如在特定节日直播时选择增添节日氛围的小道具等。

（4）设置完毕，点击"开启视频直播"按钮，倒数3秒，即可开始直播。

（5）结束直播，点击页面右下角"结束"按钮，点击"确定"结束直播，直播结束后主播可以查看本场直播数据，包括收获音浪、观众总数、新增粉丝、付费人数、评论人数和点赞次数等。

第三节 直播选品

电商直播带货并不是一次性的，主播应把产品视为一种媒介和渠道，最终目的是实现消费者对主播直播间相关产品的持续性购买。所以，直播带货应做好选品和价格让利谈判，用消费者乐于接受的方式进行直播带货，以实现商家、消费者以及平台等多方共赢。

目前，有关部门尚未出台关于直播产品的具体规范，相关平台和商家开展直播活动主要依据2018年起实施的GB/T 33992—2017《电子商务产品质量信息规范》。

一、直播选品标准

对于一场成功的带货直播而言，选品是第一要务。规范化的电商直播需要在选品之前就制定明确的标准，实现规范选品。

1. 产品渠道正规合法

2019年11月，中国消费者协会通过互联网舆情监测系统发布的一份调查报告显示，对于网络购物，近六成消费者担心产品质量问题，超过四成消费者担心售后问题。因此，电商直播带货作为消费者网络购物的重要方式之一，需要严把产品质量关。

为确保产品质量及售后服务质量，主播应选择来自正规合法企业的产品。相关企业必须经国家备案（可以通过工商系统网站查询），并且没有违规记录，没有被列入失信黑名单。

2. 产品应时应景

电商直播带货需要紧跟市场趋势，所以产品是否应季就显得尤为重要。电商主播要选择和时令相匹配的产品，尽量避免选择过季产品作为主推产品。

3. 产品卖点明确

产品卖点是打动消费者的关键。选择卖点明确的产品，也就是要选择在外观、质地、功能等方面拥有较为显著特点的产品。有卖点才会有市场，产品卖点明确，可以帮助主播打破消费者心理防线，促成消费者购买行为。

4. 产品销量高

销量高的产品具有较为成熟的消费市场，容易被消费者接受。在直播带货的前期，可以选择销量较高的产品，以带动用户的消费欲，同时积累用户的信任感。

5. 产品性价比高

电商直播带货的核心不只是主播和产品，产品的性价比更为重要。高性价比、低客单价的产品在直播带货中会更具有优势，可以作为引流产品，用来吸引消费者的目光。

二、直播选品技巧

1. 选择颜值高的产品

主播在选择产品时应尽量选择一些外观漂亮、设计感强的产品，以抓住消费者的眼球，使消费者产生购买意愿。

2. 选择品质过硬的产品

电商直播带货，主播的信誉至关重要。如果产品存在质量问题，会直接影响主播的形象和人设。主播在选品时要重点关注品质过硬的产品，如得到权威机构认证、业内口碑极佳的产品等。

3. 选择复购率高的产品

电商直播带货，主播的粉丝群体相对稳定。产品的购买频次不但会影响主播的收益，还会影响粉丝的活跃度，因此可以尽量选择一些复购率较高的产品，如零食、日用品、化妆品等快消品。如果粉丝购买后体验良好，就会选择在主播的直播间再次购买。

4. 选择便于运输的产品

物流是影响客户体验的重要因素，每一次愉快的购物体验都可以为以后的购物奠定基础。主播应尽量避免选择不方便运输、易碎、易烂的产品。

5. 选择其他主播直播间销量较好的产品

新手主播在选品时可以优先考虑那些已经在其他主播直播间有较好销售表现的产品。此类产品可以帮助新手主播在前期提高直播间的成交量。

6. 根据粉丝需求选品

主播在选品时还要充分考虑到自己的直播账号上粉丝的需求。卖粉丝需要的产品才可能获得较高的回报，并稳固自己的粉丝群体。因此，了解粉丝的需求对于选品非常重要。主播要随时关注粉丝在直播间提出的需求，有的主播甚至会在直播的最后直接在直播间询问粉丝的需求，这样做不仅可以直接获取粉丝的需求，同时也可以让粉丝产生一种"主播下次会卖我需要的产品，我下次还来他的直播间"的期待感。

第四节　搭建直播场景

一、搭建直播场景应考虑的因素

1. 规划直播间面积和成本

对于直播间面积，要做好前期规划，要提前思考场地的具体使用安排，避免后期出现场地过大或过小等问题，导致直播效果不佳。穿搭类的直播间面积建议为15～20m^2，美妆类直播间面积建议为5～10m^2。

直播间的硬装成本单价会因销售层次和场地面积大小有所浮动，一般建议将直播间的硬装成本控制在500元/m^{2}左右。

2. 确保稳定的网络环境

稳定的网络环境是直播必不可少的条件。要确保直播不卡顿，需选择上行速度4MB及以上的宽带（可通过speedtest. net或beta. speedtest. net网站检测上行宽带速度），具体可根据网络供应商情况选择。不管选择哪家供应商，最好采用独享带宽，避免使用共享带宽。

3. 选择适宜的直播设备

设备的性能对于直播效果有直接影响，新手主播采购设备时应本着实用、够用的原则，在力所能及的范围内购买合乎预期直播水准的设备，以达到较好的直播效果。一般而言，新手主播需采购的设备主要包括以下几类。

（1）摄像头。目前，网红主播常用的直播设备是手机，所以在选择高清摄像头时，尽量考虑适配手机的品牌型号，摄像头的主要参数FPS（frames per second，帧率）不低于30，就可以保证视频流畅，不出现卡顿；摄像头分辨率应达到1920×1080，也就是1500万像素，以保证视频的清晰度；摄像头视角一般在70°以上，这样整个镜头呈现感受更好。

在众多摄像头中，罗技C920作为一款主流的摄像头（图5-1），从清晰度到自动对焦功能都可圈可点，但相对价格较高。作为新手主播，如果资金有限，也可以考虑直接使用手机摄像头。现在的主流手机摄像头清晰度基本上都在1200万像素以上，有的甚至可以达到1500万像素及以上，效果和罗技C920不相上下，而且自动对焦、内置麦克风等直播常用功能也一应俱全，能够满足基本的直播需要。

图5-1　罗技C920摄像头

（2）麦克风。摄像头或手机上均内置麦克风，但收音效果一般，容易收入杂音，影响直播效果，因此，建议主播单独购买麦克风。麦克风的类型主要有动圈麦克风和电容麦克风两种。目前常用的是电容麦克风，这类麦克风有独立电源供给，有独立支架。一般售价在500元左右的电容麦克风就可以满足日常直播需要。

（3）独立声卡。为了提升直播的声音效果，建议选用USB外置声卡。如外置声卡与手机不能兼容，还需要加购一个声卡转接器。直播设备如图5-2所示。外置声卡的主流品牌包括ICON（艾肯）、XOX（客所思）等，这些品牌的外置声卡基本上可以做到即插即用，主播可以根据自己的预算进行选购。挑选外置声卡需要重点关注采样率、采样精度、失真度和信噪比等性能指标。采样率越高，采集到的声音信号就越接近原始信号，一般为44.1kHz；采样精度越高，声音就显得越细腻，一般为16位；失真度越小，越接近主播原声；信噪比越高，说明噪声越小，收听效果越好。

如主播选择使用台式计算机进行直播，建议购买一款内置声卡，价格更低，性价比更高。

（4）麦克风支架。直播过程中，主播需要灵活地展示产品。为了确保麦克风的收音效果，最好使用支架协助。悬臂式的麦克风支架使用方便，价格较低，如图5-3所示，主播可根据自己的预算选购。

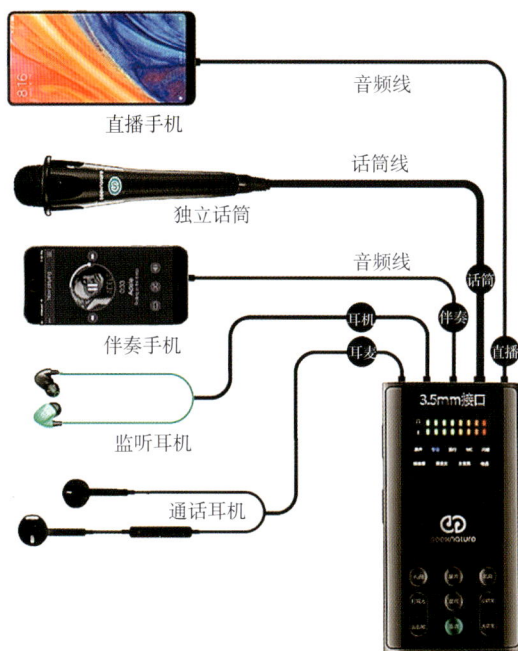

图5-2　直播设备

（5）防喷罩。使用麦克风时，经常会将气流喷到麦克风上，引起爆音，同时会有杂音被收录，使用防喷罩（图5-3）可以有效避免以上问题。特别是选用了电容麦克风的主播，由于麦克风的灵敏度更高，爆音和杂音的问题更容易出现，使用防喷罩就能够有效解决此问题。

（6）LED环形补光灯。直播过程中，除了直播间固定光源，LED环形补光灯可以作为补充光源，改善主播形象，提升直播效果，如图5-4所示。在选用补光灯时应考虑以下因素。

① 功率。选用补光灯，首先看LED贴片的数量，数量越多，亮度和功率就会越大，光线效果也会越好。

② 色温。目前，市面上常用的补光灯以双色温为主，主播可以通过调节按钮进行调光，在不改变视频设备的情况下，不同的色温能给直播过程中的场景变化提供更多选择，光源类别及作用见表5-2。

图5-3　有防喷罩的麦克风

图5-4　光源设备

表5-2　光源类别及作用

灯光色温	作用
暖光（偏黄）	对美食、文玩，烘托温暖的气氛
暖白光（自然白）	用于衬托服装、居家用品等产品
冷光（偏白）	用于衬托美妆、珠宝首饰、金属物件等产品

③ 显色指数。显色指数是指光源打在物体上所呈现出的颜色特性，显色指数越高，色彩还原度就会越高，画面的感官清晰度也会越高。一般显色指数达到92以上就可真实还原产品色彩。

④ 能否兼容多种配件。补光灯如果可以兼容多种配件，会进一步提升布置过程的便捷度。建议选用可固定化妆镜、手机、单反相机等多种配件的补光灯。

二、直播场景搭建技巧

（一）直播场景布置分类

直播间布置是观众进入直播间后的第一感受，布置得当会使这场直播在观众端看来，拥有更好的氛围。目前主流的直播场景布置可分为沉浸式直播、体验式直播和主题式直播3种。

1. 沉浸式直播

沉浸式直播大多需要通过现场制作、展示或体验，对于体积较大或者需要现场加工的商品，利用较大的直播场地配合贴近商品的布置，从而给观众带来临场的沉浸感。适用于美食类（需要现场制作）、电器类（中、大型电器需要演示）、家装类等。布置要求：20～30m²直播场地+商品画面中、远景展示的需要。

2. 体验式直播

这类型的场地布置，通常以体积较小且有特写或近景展示需求的商品为主。适用于美妆类、服装类、珠宝类等。布置要求：10～20m²直播场地+商品画面近景展示的需要。

3. 主题式直播

如"双11"、品牌周年庆等都属于主题营销，这一类的直播间布置，建议选择与节日或品牌形象符合的元素，突出主题，让观众进入直播间第一眼就能了解直播的目的。适用于重大营销节点时有大型直播的需求。布置要求：30m²以上的直播场地+商品画面近、中、远景展示的需要+主题元素，如图5-5所示。

图5-5 圣诞主题直播间布置

直播场景包括房间软装、灯光布置、开播背景布置等，都需要符合直播主题。搭建时具体需要掌握以下技巧。

（二）选择直播软装

1. 背景选择

背景可以使用墙纸或者窗帘。在选购的过程中，不要选择白色或者有反光面的墙纸，可选灰色墙纸，材质以绒面吸光为宜。

2. 前景陈列

主播在直播时做好前景的产品陈列，可以凸显产品特征，吸引消费者关注。前景陈列要特别注意以下几点。

（1）前景陈列时不要让直播软件的功能键遮挡住产品或者提示牌，调整好合适的画面位置再开始直播。

（2）讲解产品时，要将产品完全打开，注意展示产品细节。

（3）前景陈列要从展示产品细节角度出发，特别是针对有不同SKU（stock keeping unit，最小存货单元）的同一产品，要尽可能向消费者展示全部SKU，进而吸引消费者停，如图5-6所示。

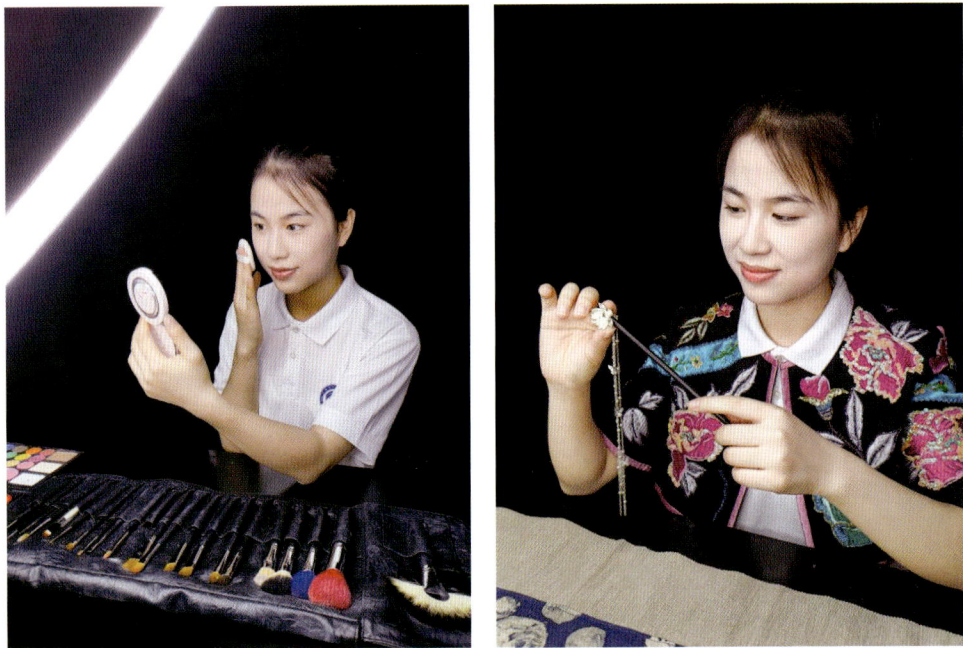

图5-6　直播前景陈列

　　在传统直播中，主播需要布景、准备产品，还需要助手适时地递送产品。目前实力较强的直播间会选用3D沉浸式数字化直播间，主播每播完一个产品，就可以切换背景和产品，方便快捷，产品还能进行全方位展示。技术人员把抠图范围、透明度、去绿等参数调整到合适范围，使直播人员和背景深度融合，形成身临其境的视觉效果，"3D沉浸式"便是由此而来，如图5-7所示。

图5-7　直播背景布置

（三）场地空间规划

　　直播场地的空间使用需要提前规划，一般可以设置设备摆放区、货品陈列区和后台人员工作区三个区域。

1. 设备摆放区

设备摆放区需根据设备大小和种类进行规划，以呈现最佳的直播画面效果为布置标准。确定主要设备的摆放位置后，可做好位置标记，便于下一次直播的开展，图5-8所示为简易直播间设备摆放位置示例。需要注意的是，空间布局和设备摆放位置确定后，不要轻易变动，以免设备重复调试，影响直播效率。

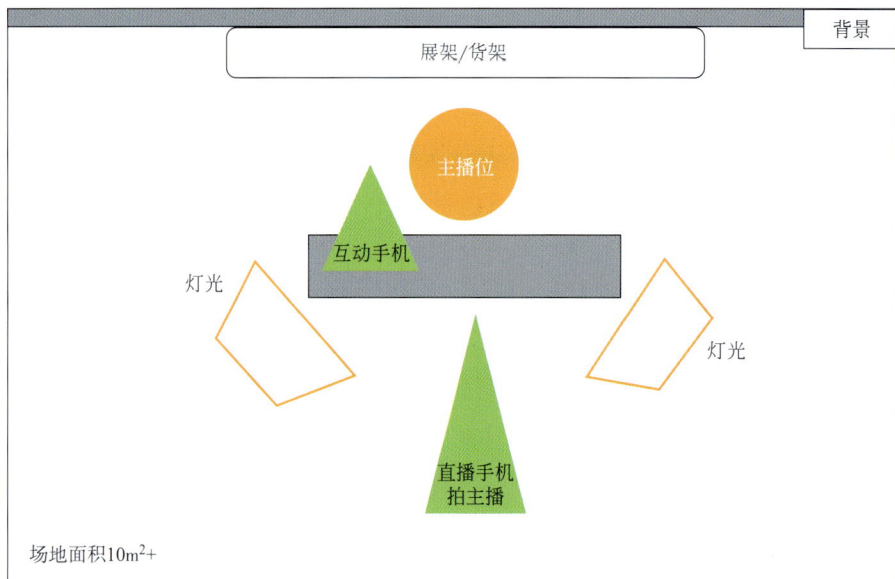

图5-8　简易直播间设备摆放位置示例

2. 货品陈列区

整齐的货品陈列可以使直播间显得更有条理。货品陈列区应尽量靠近主播的活动区，便于主播取用、展示货品，但注意不要遮挡直播画面。如在穿搭类直播间，将家具、设备摆放进直播间之前，可提前规划好样品、装饰搭配物的摆放位置，除方便主播取用、展示货品外，也可避免直播场景内摆放杂乱。

3. 后台人员工作区

直播中可能需要其他工作人员的配合，一般的带货直播后台需要安排一名助理和一名运营人员辅助直播人员，建议留出1/3的场地作为其他后台工作人员的活动空间。

（四）环境灯光布置

合理的灯光布置有助于实现更好的视觉效果。即便是同样的直播设备，合理的灯光布置也可以让画面更加清晰，如图5-9所示。

图5-9　不同灯光布置的效果对比

1. 灯的装修布局技巧

装修直播间时一般需要考虑安装主灯和辅灯，具体数量视直播间大小确定。天花板尽量使用柔光来营造环境光，整个房间的灯光色温需要保持统一。

（1）环境光源。环境光源指的是直播间顶部安装的灯源，一般以每30cm布置一根灯源的密度进行排列。环境光源主要营造直播间的整体亮度，在灯源密度合适的情况下，可以确保视频的清晰度。如果光线偏暗，即便使用高清摄像设备，也会导致画面模糊。

购买灯管时，可以选择常见的长形LED灯管，这种灯管易安装，寿命长，成本低，光线比较柔和。

（2）主光源。主光源一般出现在摄像头后方，是直播时重点打亮产品和主播的光源。主光源设备可根据展示产品需要的环境、主播的个人气质等因素进行选择。常用的主光源设备包括环形灯、LED可调节灯和射灯，建议配备齐全。根据环境光源及产品的不同，可以放置不同数量的主光源设备，建议根据自身需求确定。

① 环形灯。环形灯一般适配大多数的数码相机和手机，适用于特写人像和产品。将拍摄设备放置在灯圈的正中央，可以让图像曝光均匀，减少阴影。

② LED可调节灯。LED可调节灯散射度更高，补光面积更大，光更柔和，而且可以调节亮度和色温。LED可调节灯的亮度有很多种，直播时多使用125W的LED可调节灯。

③ 射灯。射灯的作用在于为主播补光，一般装修时会将射灯对准主播台、地面和背景布等投射位置。通过不同层次和重点的打光，提升直播空间的立体感和直播中需要重点关注的人脸、产品等要素。

此外，在选择上述主光源设备时，应重点关注设备的色温标准。一般认为6000K以下的光为暖光，6000K以上的光为冷光，5700K的光为正白光，也就是日光。目前，市场上较常见的灯光色温标准主要有3000K、4000K、5700K三种。针对不同的产品类目，为了凸显产品的特色，装修时房间整体灯光布局应考虑使用不同色温，如图5-10所示。

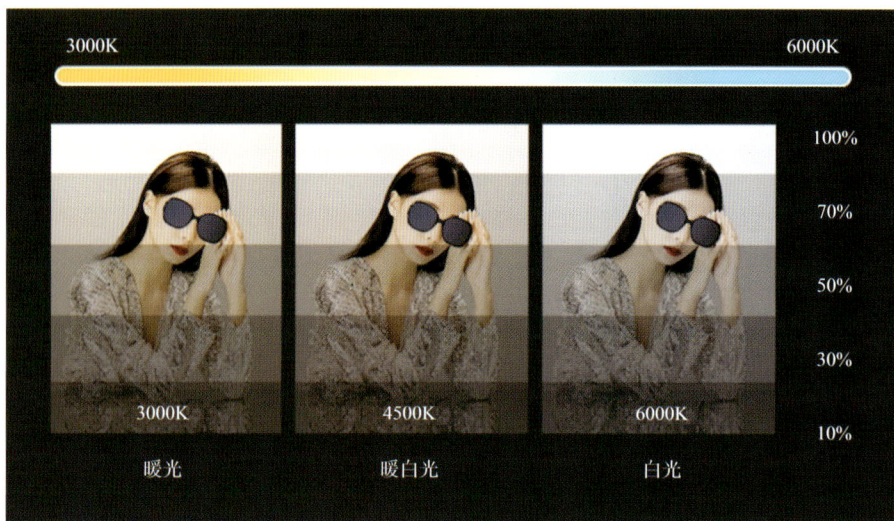

图5-10 光源对比

2. 画面构图技巧

受限于直播间本身的大小，直播的整体画面可能不如预期，这时可以运用一些简单的构图技巧来达到较好的直播间场景效果。

（1）景深设计。根据直播间的大小布局，运用合适的空间距离感营造舒适的画面感，小空间的景深，针对空间较小的直播间，可以运用墙角拉长景深，对角线可以让画面距离显得比实际长一些；背景陈列的景深，运用层次，如前景有地毯，中景有沙发，后景有货架，层层叠加，让人有更强的空间感；空间较大的直播间景深设计更加多样化。在设置拍摄位置时可以在墙角放置一些海报、展架等背景物，引导观众视线，使视频画面可以更好地聚焦在主播身上，让消费者获得更舒适的视觉感受。直播间陈列实例如图5-11所示。

图5-11　直播间陈列实例

（2）构图比例设计。构图比例设计有助于在直播时把人、景、物合理地安排在画面中，可以更好地展示产品和主播，使屏幕前的消费者获得最佳的视觉效果。在搭建直播场景时，主播需要根据不同产品的特点来安排构图比例，并调整拍摄位置，如图5-12所示。常见的构图方法有以下几种。

① 常规构图法。一般美食、美妆类目直播画面的构图比例较为固定。美食类直播为了凸显食物本身，调动消费者食欲，通常采用居中构图、对角线构图等常见的摄影构图法。美妆类直播为了更好地展示主播的面部特点，通常采用汇聚点构图法和三分构图法等摄影构图法。

② 主体移动的构图方法。服装类直播需要主播在走动过程中展示产品。为了保证画面效果，建议主播尽量在一个相对固定的范围内走动。这个范围不宜离镜头太远也不宜离镜头太近，既要确保消费者能看清产品细节，有亲切感，又要避免给屏幕前的消费者以压迫感。最佳的画面效果是主播头顶上方留有一定空间，画面中可完整展现主播身上的服装产品。

| (a) 近景 | (b) 中景 | (c) 全景 |

图5-12　构图比例对比

☆ **小贴士：**

为了适应不同类目产品的直播，主播们特别是直播机构需要分隔出多个直播间，并装修成不同风格。多个直播间相连的情况下，需要做好隔音，避免直播过程中相互干扰，如图5-13所示。

(a) 个人直播间实景案例

(b) 中等规模直播间实景案例

图5-13　直播间实景案例

第六章

电商主播的形象礼仪

第一节　主播的妆容设计

一、主播的仪容

仪容是指一个人的容貌，包括发型、面容（神态、表情），以及人体所有未被服饰所遮掩的肌肤（手部、颈部）等。仪容的修饰与一个人的道德水平、审美情趣和社会文明程度有关。在个人形象中，仪容最引人注目。良好的仪容体现电商主播的精神面貌及专业性。直播间首先看到的是主播的整体仪容面貌，一个清爽、干净、漂亮的主播总是能吸引大部分观众的眼球。主播外表形象佳，符合品牌调性，这场直播才算真正开始。

作为主播，一定要把活力和激情展现出来，要把自己最美的一面展示给粉丝们。从妆容、发型、服装，到直播间的布置，都要让粉丝们感觉舒心和放松。作为主播，需要学习化妆和服装搭配，以最佳的精神面貌出现在直播间的粉丝面前。

二、直播妆容分类和设计

1. 直播妆容分类

直播妆容是指通过某种装扮、修饰形成的一种在直播过程中的外在形态表现，通俗来讲，就是将某一个人打造或打扮出良好的气质和面容出现在直播镜头前。在直播过程中，适当的妆容可以提升直播效果。

直播妆容主要分为淡妆和浓妆。淡妆是指淡雅的妆容，比较自然端庄，如日常生活妆、裸妆等。浓妆是指妆容艳丽，并且对五官中最有特点的部位做重点描绘的面部修饰。整体妆面能显出浓烈的效果，如派对妆、节日主题妆等。主播可以根据特定的主题，如星座、节日等设计相应的妆容，吸引粉丝或者观众的注意，增加节日的仪式感，拉近与观众的距离，促进产品销售。

2. 男、女主播妆容设计特点

男主播妆容主要是在化妆时着重表现皮肤的质感，重点是强调挺立的鼻梁、浓密的眉毛和丰厚的嘴唇，体现个人的特有气质。女主播日常妆容以裸妆和生活妆为主，整体妆面要干净，不宜太浓。

三、化妆原则

化妆是生活中的一门艺术。适度而得体的化妆，可以更好地展现主播的风采，同时更是尊重粉丝们的表现。根据电商直播从业人员的职业要求，主播在开始上播前应化淡妆，化妆的原则如下。

1. 符合美化的原则

化妆意在使人变得更加美丽，因此在化妆时要注意适度矫正，修饰得法，扬长避短。在化妆时不要自行其是、任意发挥、寻求新奇，有意无意将自己老化、丑化、异化。

2. 符合自然的原则

自然是化妆的生命，化妆的最高境界是"妆成有却无"。自然的化妆要依赖正确的化妆技巧和合适的化妆品；要一丝不苟，井井有条；要讲究过渡，体现层次；要点面到位，浓淡相宜。

3. 符合协调的原则

高水平的化妆，强调的是整体效果。第一，妆面协调。即化妆部位色彩搭配、浓淡协调，妆面应针对脸部特点进行整体设计。第二，全身协调。即脸部化妆必须注意与发型、服装、饰物协调，力求取得完美的整体效果。第三，身份协调。即根据所销售的企业产品体现行业的气质和人际吸引力。第四，场合协调。即不同场合配不同的妆容。例如：白天室外自然光拍摄一般以淡妆为宜，直播间或夜晚的拍摄可以施以浓妆。

4. 符合科学的原则

要科学选择化妆品。对待任何一种化妆品都要先了解其成分。

　　除展示产品效果或剧情需要，不能当众化妆或补妆，需要化妆或补妆时，可到卫生间或者其他私人空间。不以残妆上播示人，残妆示人是不礼貌的，会给粉丝们留下主播不专业的印象。因此，主播中途一定要注意适时补妆。

第二节　化妆的步骤

第一步：清洁面部

　　妆前使用带有卸妆功效的湿纸巾进行面部清洁，能有效提高化妆品的上妆效果，使妆面更持久。

第二步：爽肤、护肤

　　补水喷雾可以更好地增加皮肤的弹性及含水量，将补水喷雾距离面部30cm，画圈式喷于面部，用手轻拍面部，吸干多余水分。使用喷雾时，用量不可过大，避免空气在吸收面部多余水分的同时将皮肤中的原有水分夺走。根据自身皮肤类型，选择润肤产品，均匀涂抹、薄厚适中，涂抹后皮肤应滋润且恢复弹性，用量不可过大，避免造成面部吸收的负担，如图6-1所示。

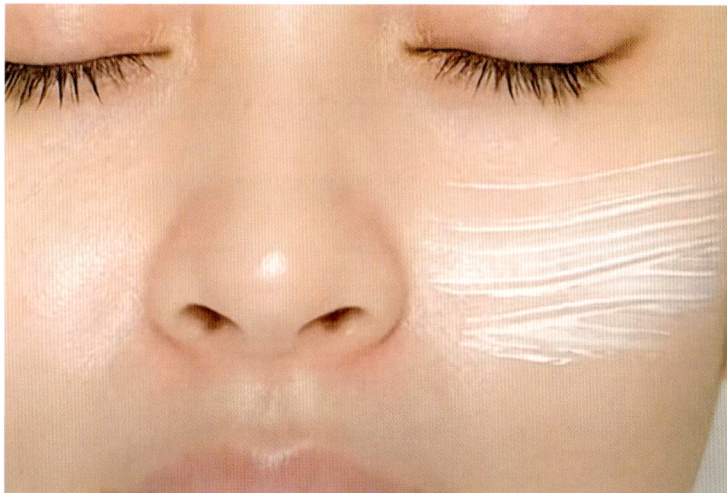

图6-1　爽肤、护肤

第三步：涂隔离霜

由于隔离霜是一层薄膜，用手指指肚由下至上在面部快速揉开，可使妆效持久并有效隔离彩妆产品，保护娇嫩肌肤。

第四步：上粉底

产品的选择有BB霜、CC霜、气垫粉饼、慕斯粉底液等，工具的选择有粉刷、粉扑、化妆棉、棉签。选择适合自身皮肤颜色的粉底液，用粉刷适量蘸取粉底液。使用质地柔软、亲肤力强的粉刷，将粉底均匀涂抹在脸部内轮廓，如图6-2所示。将深色号的粉底涂抹在鼻翼及外轮廓，从而突出脸部的立体感，同时在丁字区及面部需要突出的位置进行提亮。然后修饰面部轮廓，检查底妆效果及持久牢固性。底妆颜色要自然，注意轮廓线的过渡及衔接，同时要注意检查细节部分的处理。

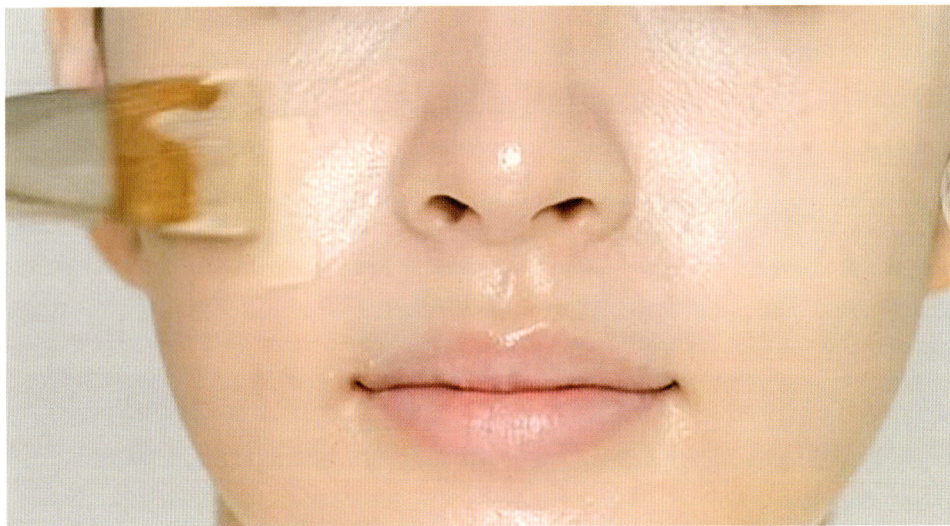

图6-2　上粉底

第五步：定妆

散粉和粉饼都是在使用完粉底液之后使用的定妆产品，区别在于散粉的超细粉末有很强的定妆效果，而粉饼更适合外出时携带，便于及时补妆；在使用散粉定妆时，可以用大刷子蘸取涂抹，也可以用绒面粉扑轻轻按压。由于散粉粉末极细，不必担心出现厚重感和脱妆现象。

第六步：画眉

根据自身的发色选择合适的眉形修饰产品。用眉刷蘸取适量的眉粉，描画出基础眉形，再用眉笔在缺少眉毛的部位填补，最后用深色眉笔在眉峰的位置加强层次感，让眉毛更立体、生动。眉色要适合自身的发色，眉色过深会带来生硬感。眉形的边缘线要过渡自然，如图6-3所示。

图6-3　画眉

第七步：画眼影

眼影从质感上分为哑光和珠光两种，哑光眼影适合精致内敛的妆容，而珠光眼影的适合活泼可爱或者酷炫的妆容，可以将哑光眼影铺底，然后以珠光眼影描画高光。在色彩上有以基础色为主的搭配，也可以将色彩明艳、对比度较大的色彩相互搭配。由于亚洲人的眼球是黑色、深棕色的，配合黄色基调为主的肤色，同时选择使用相近颜色的眼线，会使眼睛放大，更有神采。因此，和眼影色相适宜的是黑色、深棕色的眼线，如图6-4所示。

第八步：画眼线

画眼线工具有眼线笔和眼线膏等。眼线笔十分容易控制，能把握线条的形状，不

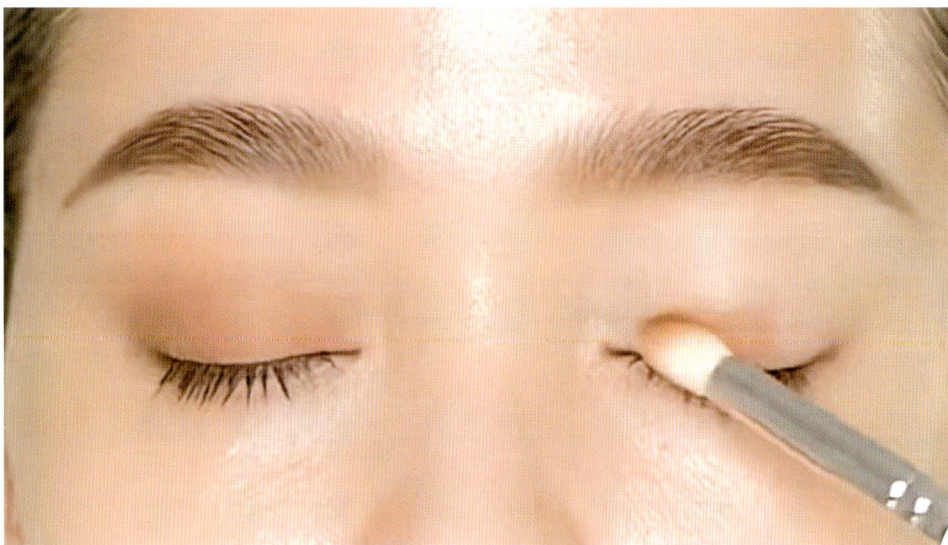

图6-4　画眼影

易画出界，适合初学者，适合生活妆；缺点是防油效果不好，容易晕妆。眼线膏比较容易把握，上妆效果也很好，不过接触空气后干得很快，所以用时切记盖好盖子，以免眼线膏干裂。优质的眼线膏防水、防油效果都很好，由于粗细很容易把控，因此适合塑造夸张的眼部妆容，并适合所有人群使用。

第九步：涂睫毛

涂睫毛的目的是增加眼睛的立体感，使眼睛充满神采。将睫毛膏从睫毛根部开始从下向上拉，每涂完一次，都要用干净的睫毛刷或者睫毛梳从根部把每根睫毛梳开，防止结块。用同样的方法再涂两三次睫毛膏。但是要注意，一定保证在前一次睫毛膏还没有干透的时候涂第二遍，以防因结块出现不流畅的感觉，如图6-5所示。

图6-5　涂睫毛

第十步：刷腮红

刷腮红时要在微笑时从外嘴角到太阳穴连成一条斜线，腮红正好在这条斜线上，也正好在额骨外侧方，这样腮红就和面部的表情合二为一了，使妆容生动自然，不至于显得生硬。具体方法是先把腮红刷在颧骨的最高处，按照从下往上的顺序，从一个中心开始涂刷，均匀地晕染开。一般从脸颊两侧扫画到太阳穴是最通用的方法。根据面部美学法则，长脸型的人刷腮红要尽量呈横线，圆脸型的人刷腮红要尽量呈斜线，这样可以很好地修饰脸型，如图6-6所示。

图6-6　刷腮红

第十一步：涂唇彩/口红

用唇刷蘸一点浅色的唇彩/口红，刷在唇中央，再轻轻晕开，会给人清爽润泽的感觉，如图6-7所示。所用色彩要跟眼影、腮红的色相属性一致。比如咖啡色系眼影、橙色腮红搭配浅橙色唇彩/口红，紫灰色眼影、桃粉色腮红搭配浅粉色唇彩/口红。前者属于暖色系搭配，后者属于冷色系搭配。

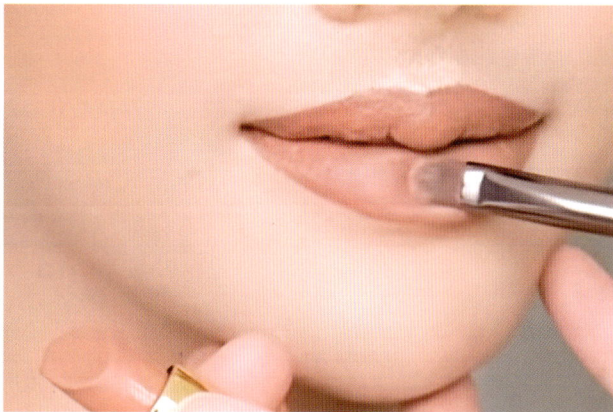

图6-7　涂唇彩/口红

第十二步：二次定妆

可以选用定妆喷雾，将喷雾距离面部30cm，画圈式喷于面部，让妆容更加自然服帖，延缓脱妆溶妆的速度。

妆容评分标准见表6-1。

表6-1 妆容评分标准

考试项目	考核要求	配分	评分标准	得分
化妆 （65分）	底妆：肤色自然均匀，厚薄适中，自然不浮粉，要有过渡	12	完全符合11～12分 符合8～10分 基本符合1～7分	
	定妆：皮肤自然干爽不油腻	5	完全符合5分 符合4分 基本符合1～3分	
	眉型：眉型要线条流畅，上虚下实，干净整洁，要符合妆面要求	12	完全符合11～12分 符合8～10分 基本符合1～7分	
	眼影：眼影要晕染自然、饱满、有层次感	12	完全符合11～12分 符合8～10分 基本符合1～7分	
	眼线及假睫毛：眼线睫毛要自然流畅、不留白	6	完全符合5～6分 符合4分 基本符合1～3分	
	腮红：腮红要晕染自然、有层次感	8	完全符合7～8分 符合5～6分 基本符合1～4分	
	口红：口红颜色要选择恰当，要有饱满或层次感	10	完全符合9～10分 符合6～8分 基本符合1～5分	
造型 （25分）	发型：发型为职业低盘，要求干净整洁、饱满，符合妆面要求	10	完全符合9～10分 符合6～8分 基本符合1～5分	
	整体：整体妆面要干净整洁、协调、有美感	15	完全符合13～15分 符合10～12分 基本符合1～9分	
其他评分要求（10分）	考核前工具摆放及消毒	5	符合5分 基本符合1～4分	
	完成后工位清洁	5	符合5分 基本符合1～4分	
合计				

第三节　主播的发式

"完美的形象，从头开始"。得体整洁的头发是仪容最基本的要求。主播的发式应有以下要求。

（1）要经常理发、洗发和梳理头发，以保持头发整洁且没有头皮屑。每次在直播开始前，要整理好头发，并使用发胶，以保持发型整洁、不蓬乱。

（2）发型大方得体。女性主播不胡乱披发，刘海不得遮盖眼睛，不留怪异的新潮发型。若过分强调新潮和怪诞，容易与粉丝产生隔阂和距离，使粉丝们避而远之。此外，女性主播刘海不要及眉，头发过肩的最好放置于身后，或盘起、挽起，给人一种轻松、阳光、干练、睿智的感觉，头饰以深色小型为宜，不可夸张耀眼。

（3）直播中途发现头发散乱需要梳理头发时，应注意以下几点。

① 不可在镜头前梳理头发。

② 梳理完头发后，应检查一下身上和衣服上有没有头发和头皮屑，切不可带着满身的头皮屑出现在镜头面前。

③ 不可将头发染成刺眼、亮丽的颜色。

④ 女性主播应选择端庄大方的发型，避免将头发烫得过于夸张、凌乱，如图6-8所示。

图6-8　女主播发型范例

第四节　主播的服装与配饰

主播的服装搭配需要在款式、颜色上相互协调，整体上显得得体、大方。主播直播的时候可能是上半身出镜，也可能是全身出镜，所以穿衣服时一定要特别注意服装搭配。

一、主播服装选择要素

1. 厚度

主播无论身在何处、天气如何，在直播的过程中必须穿轻薄型的衣服，不要穿臃肿的衣服上镜。

2. 颜色

在衣服颜色的选择上最好以同类色搭配，通常是指深浅、明暗不同的两种同类色搭配。同类色搭配的服装会显得人柔和文雅。衣服的颜色尽量不要超过三种。

3. 面料

在面料的选择方面，质感是非常重要的。可以选择物美价廉的服装，但要保证面料基本的质感。建议选择棉质或雪纺面料。

4. 尺度

在镜头前，穿衣尺度是备受关注的问题。主播要严格按照《网络直播主播管理规范》的要求，选择合适的服装，把握好穿衣尺度。

二、主播常用三种服饰类别

1. 经典式形象

经典式形象指那些古典、传统的服装造型。它不受流行趋势影响，具有超越时代的价值和普遍性，塑造了女性高贵、精致、优雅的形象。适合此类形象的服装在设计上多选择合体的设计风格，如香奈儿套装、皮尔卡丹套装等，开襟羊毛衫、牛仔裤、布雷泽外套等。以格子、方格、具象图案等样式为主。颜色多以橘黄色、葡萄酒色、深绿色、紫罗兰色、孔雀蓝色等有深度的颜色为主，此外还多用暗红色和黑色等颜色。经典式形象多选择颜色对比不强烈的样式，用同色系列进行自然搭配（图6-9）。经典式形象的服装通过加入时尚元素，可以塑造出年轻的形象。

图6-9　经典式主播形象

2. 典雅式形象

典雅式形象是既高雅又端庄，并且富有品位的形象。在女装方面，套装打扮的传统风格通常被认为是典型的典雅式形象，其中包括展现女性形体曲线美的高雅礼服。另外，用花边、褶边、丝带等镶嵌物（trimming）来表现女性气质的情况也较多，还可用丝绸、人造丝等既有弹性又手感柔软和富有光泽的面料制作成柔软的褶皱以凸显女性柔美、典雅的气质，如图6-10所示。

图6-10　典雅式主播形象

3. 活跃式形象

在轻快、活跃的氛围里添加功能性的活跃式形象，从单纯的设计到用鲜亮颜色的设计，可以以多种形象表现出来。注重功能性的运动服和流行艺术是打造这类形象的两个重要因素。在时尚浪潮的影响下，具有活跃式形象的运动服开始被作为日常生活中的休闲服亮相于时尚界。年轻人比较喜欢设计大胆的T恤、运动鞋、拉链式上衣、时髦牛仔裤等服饰品类型。特别是用丝绢网印花塑造的卡通式T恤和裤子，最能表现出年青一代的活跃式形象。活跃式形象的服装大多使用棉和羊毛，因为这些面料的手感柔滑，舒适性较强。服装样式主要采用边线（border line）、条纹、格子等几何图案或抽象图案作为装饰。在配色方面，除运用华丽、活泼、亮丽、鲜明等特征的青色系外，也会运用红、黄、黄绿、紫等色系。特别是以华美的色彩为中心进行颜色对比，将有效地表现出休闲形象，如图6-11所示。在此基础上，搭配颜色恰当的袜子、手提包等，能把服装的整体感表现得极具感染力。

图6-11　活泼式主播形象

三、配饰

细节设计完善形象创意。形象塑造离不开服装造型设计、妆容设计、配饰设计、服饰搭配等视觉要素的协调和变化，例如，妆容上眼线或者眼影细微的变化便可呈现不同的气质。服装在廓型、面料、颜色、风格方面的差异性也会造成视觉效果的不同，配饰材质的选择、形状的差异都会影响整个形象创意的效果。因此，往往会因为少许变化的细节设计而产生不同的视觉效果和风格感受。

普通人的着装观念注重实用性，习惯在着装主体上考虑过多。比如，所购置服装的面料、款式、做工都堪称一流，却极少考虑为衣服选择相应的配饰，导致着装整体效果过于传统，缺少时尚感，显得刻板、无个性。

浪漫的法国女性习惯仅购买少量的贵重首饰，却拥有很多装饰性饰物；日本女性对丝巾情有独钟，往往能掌握十几种丝巾的系法。购置的服装如果不重新进行配搭，只能视为半成品。通过手袋、鞋、丝巾、首饰的搭配和个人彩妆的协调，使服装与个人的形象气质融合在一起，这才是真正意义上的服饰设计，个人的着装风格也才会富有生命力。服饰设计体现了服装设计师对美和时尚的理解，同样的服装穿在不同人的身上，会诠释出不同的生活理念和个人修养。若想体现个性化，必须由本人进行二度创作，即根据自身的品位和气质对服装和配饰进行搭配，形成符合自身气质的服饰风格。体现个性、时尚、精致、完美，在于各种各样的配饰的应用，整体形象美是通过二次创作完成的。

1. 耳环、胸针、项链——画龙点睛的秘密

首饰的材质有金银、钻石、珍珠、亚克力、合金、陶质、木质等，它们都有各自的属性特征，如金银也分冷暖，金色首饰应搭配暖色系的服装，银色首饰则应搭配冷色系的服装。首饰与服装的颜色相协调，同色系看起来协调稳定，对比色显得强烈活泼。此外，首饰由于材质的不同表现出的风格也丰富多样，比如，木质和陶质偏向民族风格和自然风格，亚克力较为偏向夸张和奢华的欧美风格，而珍珠由于色泽温润偏向优雅甜美风格等，如图6-12所示。

2. 围巾——彰显优势、掩盖不足

围巾按形状可分为三角巾、方巾、长围巾、披肩等种类；按材质可分为棉、羊毛、羊绒、真丝、麻等种类；按风格可分为田园、淑女、奢华、街头、中性、知性等种类；按搭配的场合可分为休闲、职场、户外等种类。无论哪种类型都离不开色彩的选择，最

图6-12　配饰

基础的选择方式是以服装色调为主，同色系搭配，这样最为整体化，不易出错；也可遵循净色的服装搭配花色围巾，带图案的衣服配净色围巾的原则；在选择时还应考虑肤色，尤其要考虑跟面部肤色的协调，如偏暖色的肤色不宜选择太冷色的围巾，否则会与面部形成鲜明的对比，显得过于生硬，可以选择中性色使之和谐，如图6-13所示。

3. 腰饰——调节视觉比例，完美搭配的点睛之笔

腰饰按种类可分为腰带、腰链、腰巾、腰封等；按材质可分为皮质、绳质、合金等；按风格可分为商务、休闲、民族、街头等。腰饰在服饰搭配中，有改善人体比例和提升整体造型的作用，如腰链松松地系在胯部，会呈现浓郁的民族风情；腰中装饰在腰头会营造出休闲自然的氛围；束于高腰位置的宽腰封可塑造出奢华宫廷的风格。腰饰色彩的选择一般是同色系、类似色或者对比色，同色系和类似色搭配不易出错，但如果想出彩就要考虑材质的变化；如果选择色相对比大的腰饰，要特别注意它的位置，位置较高的视觉点会显得身材挺拔，如果希望下半身看起来比例较好，就应选择与裙子或裤子相同颜色的腰饰，这样在视觉上提高腰线的效果；但上身偏短的人就要考虑选择和上衣颜色相吻合的腰饰，这样可有效加大上身的视觉长度，对身材起到修饰作用，如图6-14所示。

图6-13　围巾搭配

图6-14　腰饰搭配

4. 丝袜——完美着装的修饰

丝袜和鞋子搭配时，不能比鞋的颜色深；如果想使腿部显得修长，那么裙子、丝袜和鞋子的色相、明度都要一致；白鞋搭配浅肤色丝袜，彩色丝袜会因花纹、颜色及搭配服装的不同而塑造出不同的风格，如图6-15所示。

图6-15 丝袜和鞋子搭配

四、主播服饰搭配技巧

1. 日常服装搭配技巧

主播可以根据自身实际状况来选择日常服装搭配。主播在直播过程中一般采取坐姿，被注意的部分集中在上半身，而领型又是最靠近脸部的，具有很强的装饰性和修饰性，对一个人的形象有很大的影响。所以，主播一定要根据自己的脸型和脖子长短来选择领型，以起到美化和修饰脸型的作用。

2. 主题服装搭配技巧

主题服装搭配是根据主题进行服装搭配。例如，美妆产品的直播，可以选择红色的服装，给人热情开朗、积极向上的感觉；农产品的直播，则可以选择淡绿色的服装，给人清新自然、安全、愉快的感觉。

3. 节日服装搭配技巧

以圣诞节为例，主播可以选择一些比较应景的红色系或者绿色系服装，然后通过搭配简单的小饰物，增加节日氛围。

五、品牌形象

主播的形象要跟着产品和品牌形象走，如果某个品牌走的是民族风，那么主播的形象就要民族风。如果邀请主播长期代言和带货，就需要重视主播造型的风格，甚至是人设也要符合品牌要求，如图6-16所示。所以，建议主播在上播之前和团队一起分析品牌背景、品牌故事、品牌的粉丝画像等，跟着品牌方的诉求走，主播不宜自己发挥。整

图6-16　品牌形象与主播形象风格一致

个直播过程按照流程走，保持品牌方的产品形象就可以了。主播的形象也要跟着重要节日走，比如年货节，直播间一定有年货的氛围，那么主播应该配合直播间，配合品牌产品，其形象也要有过节的感觉，比如穿红色喜庆的衣服；比如圣诞节，主播造型可以带个鹿角，带个圣诞帽，有节日氛围。

总之，在直播中，主播形象代表的不只是自己，还有团队的专业度和品牌的形象。第一眼的形象决定了粉丝们对主播的印象，非常重要。直播背后都是有技巧的，需要不断完善。

六、（抖音平台）主播形象要求

（抖音平台）主播着装尺度要求见表6-2，着装要求示意图如图6-17所示。

表6-2 着装尺度要求

上装	下装
严禁裸露上身	严禁裸露下半身
严禁穿着露胸部的上装	下装严禁高于裆部最低点
严禁穿着可看到胸部形状的上装	女性短裙长度不能高于膝盖
严禁穿着最下边缘接近下胸线的上装	严禁只穿丝袜进行直播
严禁穿着隐约漏内衣的服装	
严禁大面积裸露纹身	

着装示意图

上装

❶ 不能露出胸部

❷ 不能过于紧身、透明，不能看到胸部形状

❸ 下边缘不得接近下胸线

下装

❹ 短裤下摆严禁高于裆部最低点，不能露出下臀线

❺ 短裙长度不能高于膝盖

❻ 不能仅穿着丝袜直播

图6-17　主播着装要求示意图

第三部分

直播与短视频拍摄实践

第七章

直播实践

第一节　账号引流

一、引流工具

对于互联网企业而言，流量等于现金，因此，如何抓住稍纵即逝的流量风口，如何实现高效、快捷的引流，如何创造商业价值，就成为电商平台入驻商户和企业最关心的事。以下主要介绍抖音直播和淘宝直播平台的常用引流工具。

（一）个人IP

IP原本是intellectual property的英文缩写，原义为知识产权，在互联网界已经有所引申。IP可以指一个符号、一种价值观、一个有共同特征的群体、一些自带流量的内容。近几年，有些人通过在平台上进行直播吸引了大量的粉丝关注，形成了个人IP。他们能够凭自身的吸引力，挣脱单一平台的束缚，在多个平台上获得流量。直播账号要打造个人IP必须建立清晰的粉丝用户画像，然后根据画像进行内容定位。例如，美妆类主播可以通过发布美妆技巧、美妆产品使用方法等短视频，分享对于美妆的个人心得和独到见解，逐步获得有相关需求的消费者的认可，进而形成良好的个人口碑，通过较长周期的优质内容输出，最终成功打造具有公信力的美妆个人IP。

以"衣哥"账号为例，它已经推出了100多个以服装时尚搭配类内容为主的短视频，在抖音直播平台上吸引了近800万粉丝用户，由此可以形成该账号粉丝用户的基本画像，即热衷时尚潮流装扮的年轻人。针对粉丝用户特点，该账号推出了时装走秀、美丽揭秘、视觉化展现和沟通类的短视频作品，有效增强了对时装穿搭有刚性需求的粉丝黏性，形成了"懂美、爱美、会美"的个人IP形象。

这类账号通过推出垂直领域的原创视频，依靠优质内容获取高曝光度，形成具有知名度和号召力的个人IP，进而引入庞大流量。

（二）评论

评论是指针对事物进行主观或客观的自我阐述。这里的评论主要是指直播过程中粉丝或消费者对主播直播效果或者产品本身的评价。评论引流属于免费流量，想要利用评论引流，首先，需要保持与粉丝用户的高互动性，引起粉丝的关注；其次，评论内容要能够引发粉丝共鸣，能让粉丝产生开心、愉悦、认同、归属的情绪，有进一步与主播交流互动的欲望，进而为其点赞、转发。

以抖音直播平台为例，开展评论引流首先需要了解抖音短视频的推荐机制。抖音直播平台的短视频推荐机制和"今日头条"类似，即一条视频上传审核通过后，通过智能系统对视频进行兴趣化标签分类，并推送给有观看这类视频习惯的用户。随后，对这些用户观看视频的完播率、点击量、讨论址、转发量进行数据汇总和分析，根据分析结果决定是否持续向更多的人群推荐。例如，在抖音直播平台发布视频成功以后，系统会首先推送给500位用户，那么这500人当中可能有400人会点击观看：其中有300人看完全片，50人点赞，30人评论，20人转发，一旦达到这一标准，系统就会判定该视频为高质量视频，并将它继续推荐给下一批用户，此时的推荐量可能会增加到1000人，甚至万人、十万人级别，继而再推荐给第三批、第四批用户，以此类推下去。当该视频满足抖音的推荐规则要求之后，就会获得更多的免费上热门的机会，从而扩大粉丝用户数量，实现引流。

淘宝直播平台的评论引流方式与抖音直播平台的评论引流方式基本类似。

（三）企业认证

企业蓝V是抖音直播平台的企业号，能够帮助企业传递业务信息，与用户建立互动。认证通过的企业号，将获得蓝色的"V"字形认证标识，较为成功的企业号包括"海底捞""答案茶""COCO奶茶"和"土耳其冰激凌"等，特别是"答案茶"，通过短短几个月的时间，依靠抖音短视频带起了线下购买热度。

抖音的线下引领目前主要依靠垂直行业的POI（point of information，定位信息）认领。只要企业号拥有了企业蓝V认证，就可以进行POI地址认定，即有固定办公地址和实体店面的商户可以在抖音直播平台申请认领一个POI地址，在地址栏里展示企业的蓝V号以及店铺的一些基本情况，并支持电话预约，进而为企业提供更多的曝光和变现的可能。

与抖音直播平台不同，淘宝直播平台的企业认证采用实名认证，已经入驻淘宝直播平台的一些达人账号、商家主账号和子账号都可以在开播之前进行实名认证。实名认证将卖家身份信息与经营者本人进行绑定。一方面杜绝欺诈，提高账号公信力；另一方面便于消费者通过平台准确检索到主播本人。淘宝实名认证面向所有卖家分批进行，新开店卖家先经过实名认证，之后还要接受定期和不定期实名认证身份复核。

（四）付费推广

以抖音直播账号为例，抖音的"Dou+"是抖音直播平台为用户提供的一种视频付费推广工具，能够高效提升视频的播放量与互动量，提升内容的曝光效果，满足抖音用户的多样化需求。"Dou+"适合不想花太多时间在视频制作上的用户，也适用于希望登上视频推荐榜单、快速增加曝光机会的商户。目前100元的"Dou+"的助力可以换取5000人次的播放量，同时可以设置兴趣标签，推荐给目标人群观看。

淘宝直通车则是淘宝平台为用户提供的一种付费推广工具，针对淘宝直播现已开通直播推广功能，在直播推广时间上包含"始终推广"和"直播结束则推广结束"两种选择。

"始终推广"即在主播直播阶段，以及在直播结束后进行持续引流。主播在一场直播结束后，还能继续利用直播间视频讲解回放片段作为视频落地页进行投放。消费者搜索后，点击广告就能看到商品的回放视频，促使有高购买意向的消费者进行购买。"直播结束则推广结束"即在主播直播阶段进行引流，适合需要大量拉取新客的店铺，可以直接增加直播间的观看人数。

淘宝直通车是按关键词点击量计算费用，每一个关键词由于热度不同价格也不同，具体标准可登录淘宝直通车官网查看。

（五）信息流广告

信息流广告是指位于社交媒体用户的好友动态或者资讯媒体和视听媒体内容流中的广告，有图片、图文、视频等，特点是算法推荐、原生体验，可以通过标签进行定向投放，根据自己的需求选择曝光、落地页或者应用下载等，最后的效果取决于创意、定向、竞价三个关键因素。

投放信息流广告，同样属于付费流量的一种，即在视频流当中以原生态的方式植入广告。这类非强制性的植入广告方式，不打扰用户，较容易被接受。信息流广告可以针对人群、兴趣、地域等多个维度进行标签设置，从而把品牌产品呈现给特定的人群，是一种相对简单的引流方式。

淘宝直播平台目前正在内测信息流广告的"超级推荐"。根据阿里巴巴旗下数字营销平台"阿里妈妈"提供的信息，"超级推荐"的广告位覆盖"猜你喜欢""微淘""直播广场""有好货"等推荐类位置，广告呈现的形式包含商品、图文、短视频、直播、跳转页面等。

二、设计吸粉账号

为了提升粉丝用户的黏度，避免一划而过的窘境，主播需要有针对性地设计个人主页。一个定位清晰、信息翔实、设计精美的个人主页可以吸引更多的粉丝停留、驻足。以下将介绍如何设计一个能够吸引粉丝的个人主页。

以抖音直播平台为例，个人主页包括账号头像、昵称、个人简介和背景图四部分。个人认证或蓝V认证用户会显示优质创作者标签，开通商品橱窗的账号会显示一个商品橱窗的入口。

（一）账号头像设计

对粉丝而言，对账号的第一印象来源于头像，其次就是置顶的视频，以及近期热门视频形成的封面，这些内容构成了个人主页的整体形象，它直接决定了粉丝用户是否会进一步关注账号。需要注意的是，新开账号不宜在个人主页显示过多的营销性信息。

一个能够即刻引起粉丝好感并转化为关注动力的账号，需要对头像进行设计。头像设计可以采取两种方式。一种是根据用户从事的行业选择头像，即头像与视频内容领域相互垂直。比如，用户想打造的是一个宠物领域的账号，那么头像就可以选择一些比较可爱的萌宠照片；如果用户想做美食领域相关的视频，那么头像可以选择一些比较诱人的美食实拍图片。另一种是选择个人形象照片作为头像。这类做法适用于个人IP的打造，网红账号常采用此种方式。

（二）昵称设计

昵称就是主播的第二个名字，是树立主播形象的重要手段。选取的昵称要能够反映个人特征，如情感语录、护肤讲堂等，可以加上个人名字作为前缀进行区分。昵称要好记、好找，避免不易辨识的文字。此外，昵称还要体现账号服务领域，可以插入垂直领域的相关标签，以便平台系统辨识和抓取。

（三）个人简介设计

一则生动有趣的个人简介能够最大限度地提升粉丝的好感度。第一，个人简介需要体现主播所从事的工作领域，应包含领域标签，便于平台系统辨识；第二，个人简介需要体现出主播能给用户带来的最大价值点或关注点，即让用户觉得有用或者特别有趣，进而选择关注；第三，个人简介需要体现出个人或者品牌的特点，文字不宜过多，能够明确表达即可；第四，个人简介需要体现账号视频时间与频率，从而增加用户的黏性。

需要注意的是，个人简介中不能出现任何的联系方式以及引导方式，避免造成销售广告的违规风险。个人简介中也不能出现行业敏感词，避免因为敏感词导致个人简介审核不通过，影响账号权重。

（四）背景图设计

当用户进入个人主页，背景图就成为最重要的视觉元素。因此，恰到好处的背景图设置将有效提升页面的质感。背景图要与账号定位相关，起到宣传品牌IP或产品的作用。背景图还可以进行适当的关注引导，如在图中显示微博、微信账号等。

淘宝直播平台账号的个人主页也基本包含了上述内容，可参照相关技巧，设计成吸引粉丝的账号。

三、带货直播黏粉与涨粉话术

主播在带货直播的过程中，需要熟练运用黏粉、涨粉话术，以提升销售力度。

通过大量的案例总结分析，目前主播需要掌握的黏粉、涨粉话术主要包括五部分，即提出问题、放大问题、引入产品、提升高度、降低门槛。

（1）提出问题，即结合消费场景提出消费痛点以及需求点，从而给用户一个消费理由。以夏季防晒举例，直播前期就可以提出夏季防晒困扰，并让这些困扰成为直播间里活跃的话题，引起粉丝共鸣，进而引入产品。

（2）放大问题，即将大家忽略的问题尽可能隐晦地进行放大说明。结合案例，说明不做有效防晒的危害所在，引起观众的充分重视。

（3）引入产品，即以解决问题为出发点，进而引入产品，解决前面提出的问题。同样以上述案例为例，提出几种防晒的方法，如可以穿防晒衣、涂防晒霜、喷防晒喷雾等，然后引入需要推荐的产品，说明其优势和特色所在。

（4）提升高度，详细介绍产品，并通过行业品牌、原料、售后等其他事项来增加产品本身的附加值，让粉丝对这款产品产生更高的认可度。

（5）降低门槛，即分享主播独有的优惠和渠道优势，强调产品的独家性、稀缺性等，最终促成用户下单购买。

四、应规避的账号限流敏感操作

所谓限流就是账户流量受到系统限制，具体表现为直播流量下降和推荐度降低，严重的甚至在平台上无法搜索到账户及相关视频内容，同时上传的视频审核周期进一步延长。

对于商户和主播而言，限流和封号会给自身的营销和发展带来严重打击，因此需要重点规避限流操作，合理合规地提升账号流量。以下将介绍抖音直播平台和淘宝直播平台的主要限流操作。

（一）抖音直播平台易被限流的九大敏感操作

1. 刷取播放量

在经营账号过程中，一旦出现过多的未完整观看视频，就可能被平台认定为人为刷取播放量，进而对账号限流。

2. 大量点赞、评论和转发

在经营账号过程中，一旦出现大规模的逐条视频点赞、评论和转发的情况，就会被平台认定为异常操作，进而被平台限流。

3. 大量无意义评论

过于空泛、简单的好评大量出现，会被平台认定为异常操作。

4. 大量关注或取关

不少商户、主播会在前期大量关注同类账户，而后随着知名度的提升大量取关，这一行为同样会被平台认定为异常操作。

5. 大量互粉互赞

随意与大量不同类型的用户互粉互赞，同样会被平台认定为异常操作。

6. 登录地址持续切换

账号持续切换登录地址会被平台认定为采用模拟地址变化的软件去获取同城流量。因此，建议位置经常变动的商户和主播在登录时关闭同城定位功能，而针对一机多号的情况，建议同一部手机不要登录两个以上的抖音账号。

7. 发布营销性内容

抖音视频中不能出现任何商品价格及明显的地址。

8. 频繁修改账号信息

修改账号信息需要经过审核，一旦出现违规情况，就要及时停止修改，避免封号风险，同时建议不要频繁修改账号信息。

9. 删除重发

随意删除、重发视频存在被平台认定为内容重复的风险，导致限流，建议谨慎重发视频。

（二）淘宝直播平台易被限流的五大敏感操作

1. 标签混乱

在经营淘宝直播账号的过程中，需要对售卖商品的类目、属性、价格等进行规范标签的操作，如果操作不规范，就会导致客户人群标签混乱，造成平台无法对账号进行流量分配，从而被平台限流。

2. 刷假数据

大规模人为刷取观看量、点赞量，一旦被平台认定，账号就会被限流甚至关闭。

3. 停播时间长

淘宝直播账号停播两周以上，就会被系统认定为不活跃账号，进而被限制流量分配。

4. 发布违规内容

账号发布违反平台规定的相关内容，或在直播中出现敏感词、明显违规行为，也会被平台限流甚至封号。

5. 转化率或转粉率低

账号的流量转化率或转粉率过低，直播商品购买率和固定粉丝人数长时间增长缓慢，也会被平台认定为缺乏潜力，进而减少分配给账号的流量。

需要注意的是，无论是在抖音直播平台还是淘宝直播平台，一旦发现账号被限流，建议减少账号的作品发布频率和直播频率，同时进行严格的自查自纠，根据平台规则，通过一个长周期的规范操作，最终账号会被取消限流。

第二节　直播展示

一、直播脚本设计

一场好的直播离不开一个设计严谨的脚本。直播脚本可以最大限度地帮助主播把控直播节奏，规范直播流程，达到预期的目标，实现直播效益最大化。

（一）直播脚本的定义

直播脚本是指使用特定的描述性语言，针对特定的某一场直播编写的规划方案，以保证直播有序且高效地进行，并能达到预期的目标。遵循直播脚本进行直播能有效避免不必要的意外发生，例如场控意外、长时间尴场等。一份详细的直播脚本甚至在主播话术上都有技术性的提示，能够保证主播语言上的吸引力以及在直播间与粉丝互动的把控能力。

（二）直播脚本的作用

1. 把控直播节奏

节奏是调动群体情绪及建立情感联系的一条策划主线，主播要根据直播时长完成预热、爆发、收尾三个阶段节奏点的衔接。即时性互动是直播受欢迎的根本，直播互动节奏的紧凑性会直接影响单场直播所产生的营业额，节奏可以直接在单场直播中呈现。

2. 管理主播行为和话术

直播脚本可以为主播的行为和话术提供指导，让主播清楚地知道在某个时间该做什么、说什么，还有什么没做。直播脚本对主播的直播表现发挥着重要作用。

3. 掌握直播主动权

直播脚本通常由主播团队根据品牌方的需求并结合实际情况进行编写。整个直播过程需要按照直播脚本顺利开展，这样才能掌握直播的主动权。

4. 减少直播突发状况

直播脚本实质上是一个已经制订好的工作计划，不同的时间段有不同的任务安排。条理清晰，这样能有效减少直播过程中出现突发状况。

5. 规范直播流程

做直播最忌讳的就是开播前才考虑直播的内容。主播如果没有事先预习当天的直播内容，那么直播最终呈现出来的就是不停地尬播、尬聊，甚至会出现主播玩手机、自言自语等现象。所以，直播脚本可以解决直播流程不畅的问题，让直播内容有条不紊地推进。

6. 实现直播效益最大化

无论是淘宝直播带货还是抖音直播带货，抑或其他平台的直播带货，品牌方和主播运营团队一般都以获得最大效益为根本诉求。根据直播脚本进行直播，计划好本场直播所要达到的分享目标，并按照目标实施，从而实现直播效益最大化。

7. 便于回复总结

直播脚本不是一成不变的，而是需要不断完善和优化的。一场直播在按脚本执行的过程中，可以分时间段记录下各种数据和问题，结束后进行复盘分析，对优点和缺点进行总结、优化和改进，不断地调整脚本，摸索出制定直播脚本的策略和方法。

（三）直播脚本的要素

1. 直播目标

直播目标即在直播开始之前所设定的目标，是本场直播希望达到的目标，包括对各项数据的具体要求，如观看量、点赞量、进店率、转粉量，以及转换卖货销售额等。明确的数据要求有助于达成直播目标。

2. 直播人员

要对直播过程中所涉及的人员进行工作分类和工作安排，其中直播画面显示的人员包括主播、助理或其他人员。要注意各个人员的分工以及职能上的相互配合，如主播负责引导关注产品、介绍产品、解释活动规则，直播助理、场控和运营人员要负责回复问题、发放优惠信息等互动工作，后台和客服人员负责修改产品价格、与粉丝沟通转换订单等。

☆ **小贴士：**

　　场控，即控制场面的人，也可以叫作房管。场控的主要职责就是控制直播间的整体气氛，配合主播顺利进行直播。场控可以在直播中帮助主播回答观众的问题，屏蔽消息，踢人出直播间或拉人进直播间等。每个直播间都需要一名合格的场控，如果直播中没有场控的管理，整个直播间就会被各种广告信息、不友好的观众发言等所扰乱。

3. 直播时间

直播时间应提前预设。建议严格按照预计的直播时间进行，时段也要相对固定。到了下播时间建议不要拖延，及时预告下一次的直播时间，让粉丝持续关注下一场直播。这样一方面可以使粉丝养成观看习惯，另一方面让粉丝对主播保持新鲜感。

4. 直播主题

直播主题即直播活动的中心主旨。虽然直播的主旨一般都是销售，这也是生活消费类直播的主要目的，但主播还是需要对每一场直播进行多样化的主题策划，并以此进行直播内容的拓展，需要明确故事要讲给谁、怎么讲。常见的直播主题如下。

（1）商品专场售卖。上新，如春季新品；清仓，如尾货甩卖；单品，如连衣裙、风衣专场。

（2）风格搭配场。抖音爆款搭配、网剧爆款搭配、运动休闲风搭配。

（3）人物身份场。设计师流行趋势讲解、设计理念材料讲解、20年老师傅讲工艺。

（4）热点营销场。疫情专供，全场下单送口罩；春节特供，过年畅销；情人节爆款，礼品直销。

（5）粉丝回价场。代理专享，样品免费；老粉福利场，专享优惠。

5. 直播内容

直播内容是整个直播脚本的精华和重点部分，包括产品介绍、产品数量、产品类型、产品价格（日常售价和促销价）、产品成分、产品卖点、产品链接、店铺优惠与折扣或者其他类型的店铺活动等。

6. 目标观众

在直播活动中，目标观众为本场活动或本场带货产品所针对的目标人群。目标观众又称目标顾客、目标群体或目标客群。

（四）单场直播脚本撰写

单场直播脚本流程需要具体到分钟，例如，8：00开播，8：00～8：10进行直播间预热和向观众打招呼。在直播脚本中要规划好每一种单品的介绍时间，根据直播时长合理安排直播流程。直播时要依据直播脚本有计划、有步骤地推进直播流程。单场直播脚本的主要内容如下。

1. 前期准备

前期准备主要包括直播宣传、明确目标、人员分工、设备检查、产品梳理等环节。

2. 直播开场

直播开场包括主播自我介绍、引导用户关注等内容，在整个直播活动中起到气氛调节的作用，奠定直播的基调和氛围。

3. 直播活动介绍

不论是对新观众还是原有观众，在进入一场新的直播时，主播必须对整个直播活动包括直播福利、直播环节做一个总体性的介绍。

4. 产品讲解

产品讲解是直播的核心内容，要遵循从外到内、从宏观到微观的原则，以生动真实的语言进行描述，全方位客观分析产品的优缺点，不可夸大其词（具体内容详见下文"二、直播产品讲解"）。

5. 产品测评

产品测评往往是观众较为关注的一个环节，在这个环节中主播需要站在顾客的角度，360°全方位体验产品。

6. 观众活动

在直播过程中，主播需要适当地安排观众参与活动，例如，进行观众个案讲解、故事分享和疑问解答等。

7. 抽取奖品

直播过程中通常会安排抽奖环节，为观众送福利，这既是维持现有粉丝的有效方法，又是吸引新粉丝的有效手段。抽奖环节还能够更好地调动直播间的气氛以及引导粉丝消费。

8. 总结活动

总结活动时，直播已近尾声，主播需要再次强调品牌以及总结本次直播活动。

9. 预告活动

在直播结束时，引导粉丝关注主播账号并且预告下次直播活动的内容。

☆ **小贴士：**

　　直播结束后，主播需进行复盘分析，总结直播活动中发生的问题，不断调整脚本，优化直播过程。

二、直播产品讲解

产品讲解是直播的核心内容，直接关系到直播销售的成败，一般依照以下环节进行准备，而后依次展开。

（一）需求引导

制作用户画像，了解本次直播产品所针对的人群，分析用户群体的情感方式。针对理性用户，可自信地展示产品的优势，也可直接点出产品存在的缺点；针对感性用户，可以用感情与观众沟通。抓住用户"痛点"，锁定"摇摆"人群，以市场需求和其他用户使用后产生的效果来进行引导，打消"摇摆"人群心中的疑虑，促进产品成交。

（二）产品简介

产品简介是直播带货整个流程中相当重要的一个环节，可以从产品的规格、成分、材质、色彩、触感等方面对产品进行总体介绍，促进观众对产品的了解，为提升产品成交率打好基础。

（三）产品品牌

主播在直播的同时，也需要对产品品牌进行一定的介绍，让观众进一步了解产品品牌，了解该品牌的其他产品，建立起对该品牌的认知和信任。这对于提升产品成交率有重要作用。

（四）店铺详情

无论是淘宝平台直播还是抖音平台直播，主播都要在必要的时候介绍店铺，一方面能提升观众对店铺的认知度，另一方面能加强用户与主播之间的信任感，增强现有粉丝黏性。此举并不能在短时间内提升店铺的成交率，但能够为店铺持续发展提供助力。

（五）产品卖点

产品卖点是一个较为专业的环节，需要主播具备一定的专业知识和总结能力，罗列出产品存在的优势，并用生动的语言进行表达，加深观众对产品的印象和认知，提升产品成交率。

（六）深挖优势

针对产品的多个优势特点，主播需要着重选取1～2个优势进行深度挖掘，加深观众对产品的了解，进而促进成交。

（七）用户评价

在直播过程中呈现用户对产品的评价有助于提高用户的忠实度和黏性，打消用户购买的疑虑，提升产品成交率。

三、直播中的主要禁忌

直播的实时性决定了直播效果的不可逆，因此主播对直播中的相关禁忌要高度重视，做到入心入脑。

（一）禁止出现直播时间不固定、随意下播的情况

直播时间固定是主播的态度问题，展现给观众的是长期、真诚运营直播间的态度，这将决定粉丝对直播的支持率。固定直播时间要注意：直播频率以天为单位，新手主播直播时长建议6h以上，宜长不宜短，使粉丝养成观看习惯，避免粉丝流失。

各个平台的情况不同，直播时长的要求也有一定差异，如淘宝直播平台直播时长建议8～10h。

（二）禁止出现直播时只与某个或几个粉丝交流的情况

主播眼睛不能总盯着某几个眼熟的账号，对观众要一视同仁，与观众一起交流和互动。一方面，每个观众都具有一定的消费能力，粉丝互动的适度性、公正性是直播间人气稳定的保障；另一方面，在直播的过程中积极与粉丝互动，尽量照顾粉丝的情绪，回答粉丝的提问，可以提高路人观众到粉丝的转化率。

（三）禁止在直播间随意谩骂、侮辱游客或粉丝

主播需要时刻注意自身形象，不要在直播间谩骂、侮辱游客或粉丝；避免激化矛盾，使事态升级，影响直播质量。不堪的言辞会让直播间的粉丝失望，让路人观众退却。直播中遇到无理取闹的观众，主播要以温和的态度积极说明，解决矛盾冲突，展现个人良好的素质。

（四）禁止有地域、种族、工种歧视或其他负面评价

对于主播而言，任何程度、任何领域（如地域、种族、工种等）的歧视行为都必须杜绝。作为主播，任何言论都有可能被放大传播，歧视性和负面言论不仅不符合社会公德要求，还会引来非议，削弱粉丝的支持和喜爱度；这种行为还可能会给一些年龄比较小的粉丝带来错误的引导，甚至造成严重的不良后果。

（五）避免使用平台规定违禁词（敏感词）

2021年抖音常见直播违禁词见表7-1。

表7-1　2021年抖音常见直播违禁词

词语类型	违禁词
极限词	国家级、世界级、最高级、第一、唯一、首个、首选、顶级、最新、最先进、全网销量第一、全球首发、顶级工艺、极致、独一无二等
绝对化用语	最高、最低、最先进、最大程度、最新技术、最佳、最时尚、最受欢迎、最先等词语。除此之外，也不要用100%、高档、正品等虚假或者无法判断真伪的夸张性表述词语
不文明用语	有辱骂性质，或者是人身攻击、带有不文明色彩的词语

词语类型	违禁词
暗示性引导用语	例如"点击有惊喜""点击获取""点击试穿""领取奖品"等
刺激用户下单的词语	例如"再不抢就没了""错过就没机会了""万人疯抢"等
医疗宣传类词语	主要是针对普通商品来说,如果用了疑似医学类的用语,也属于违禁词类。例如修复受损肌肤、活血、清热解毒、除菌、改善敏感肌肤、补血安神、驱寒解毒、调节内分泌、降血压、消除斑点等
封建迷信类词语	算命、保佑、带来好运气、增强第六感、护身、逢凶化吉、时来运转、万事亨通、旺人、旺财、趋吉避凶、转富招福等

（六）避免在直播顶峰期出现断播、停播、直播不稳定的情况

观众观看直播往往希望处于一个顺畅的网络环境中,拥有好的观看体验,因此直播间的网络支撑设备要足够强大,切不可出现断播、停播、直播不稳定的情况。哪怕只出现一次断播的情况,对于直播来说都是一次毁灭性的打击。

（七）避免因各类外界因素影响直播质量

直播过程中往往会出现各种不可控的外界因素而影响直播质量,如突然断电、断网,直播设备突然发生故障等。因此,主播应秉持对粉丝负责的态度,在直播前尽可能地规避这些外界因素的发生。

四、直播表现技巧

（一）直播常用话术

主播与粉丝的交流沟通能力直接决定了直播的效果。可以说,直播很大程度上是一次语言表达艺术的展现,直播的核心就是直播话术的体现。作为一名合格的主播,必须掌握基本的直播话术。

话术即说话的艺术。同样的想法可以有多种不同的表达方式,如何用大众最能接受的方式进行表达,是直播话术的关键。一名成功的主播,其语言表达应该如同春天的微风轻轻拂过;其言谈或幽默或严肃,总能用合适的话术引起用户的兴趣,让用户在不

知不觉中下单。

进入直播间的人会逐渐变多，此时应该采用的话术是：欢迎××进入直播间。注意这类欢迎语不宜太过机械化，可根据直播当天的实际情况适当做一些优化和改良。

当观众进入直播间时，主播能够看到观众的昵称和等级，直播欢迎话术示例如下：

"欢迎××（昵称）进入直播间，点关注，不迷路，一言不合刷礼物！"

"欢迎朋友们来到我的直播间，主播是新人，希望朋友们多多支持哦！"

"欢迎各位小伙伴来到我的直播间，主播人美、歌甜、性格好，关注就像捡到宝，小伙伴们走过路过不要错过，喜欢我的朋友在哪里？"

这些话术有一个基本原则：让观众知道进入了你的直播间后，你在关注着他们，让他们有被尊重的感觉，从而提升用户的参与感。

（二）关注话术

观众进入直播间后，主播可以通过话术引导其直接关注直播间，为直播间涨粉。在此过程中，主播要注重自我宣传，不断给新粉丝传递自己能够提供的服务和价值，展现个人的直播风格。这不仅能吸引新粉丝关注，还会让粉丝有先入为主的感觉，从而留下深刻的印象。可以采用的话术内容如下。

1. 预告直播时间

例如，"非常感谢所有还停留在我直播间的朋友们，我每天的直播时间是××点～××点，风雨无阻，没点关注的朋友记得点关注，点了关注的朋友记得每天准时来玩哦。"

2. 宣传个人才艺

例如，"新进来的朋友们还不知道主播是播什么的吧？我现在要宣传一波啦，主播是专门卖真丝连衣裙，同时兼职唱歌的。现在给各位朋友表演一段，希望喜欢的朋友们关注一下主播。"

3. 鼓励粉丝关注

例如，"我做直播呢，除了想得到别人的认可之外，也希望大家能够在一天的忙碌之后，进入我的直播间能得到片刻放松，点关注的朋友们，谢谢你们的认可。"

4. 给粉丝取昵称

例如，"以后就叫你们××，我们就是亲密的一家人，欢迎大家随时跟我互动。"

（三）感谢话术

观众进入直播间后，逐渐会有观众打赏、关注或者购买主播推荐的产品，对此行为，主播一定要用真诚的感谢话术来反馈。

感谢话术是对观众心意的回馈，真诚的反馈会让用户感到被重视，会有更多的观众加入直播。感谢话术示例如下。

"感谢各位的喜爱，是我的才华或是我卖货的技巧，让你忍不住购买的吧，不接受任何反驳哦！"

"感谢朋友们今天的陪伴，感谢所有进入直播间的朋友，谢谢你们的关注点赞哦，今天很开心！"

"感谢所有进入直播间的朋友，还要感谢很多人从开播一直陪我到下播。陪伴是最长情的告白，感谢你们的陪伴。"

（四）互动话术

在直播过程中，粉丝可能会提各种各样的问题，例如，"主播多高？多重？""这件衣服主播能不能试穿一下？"等。

如果粉丝问到了产品，说明他们对产品产生了兴趣，一定要耐心细致地解答。例如："主播身高165cm，体重47.5kg，穿S码，朋友们可以对比一下自己的身高体重，选择适合的尺码哦！"

遇到类似"身高不高能穿吗？""体重太胖能穿吗？""干性肤质能用吗？"等问题，就需要有针对性地引导观众购买产品。

如果有粉丝说"怎么不理我？一直不回答我的问题？"一定要及时安抚粉丝情绪，例如，"没有不理哦，弹幕太多，刷得太快，我看到一定会回的，请不要生气哦！"

互动话术的关键在于细致耐心。一个问题可能会有很多人问，每个人问的问题可能也有很大差异，有时候需要反复回答相同的问题，所以主播一定要保持耐心。

（五）追单话术

粉丝在下单过程中可能会犹豫不决，这个时候主播就需要用追单话术来刺激用户下单。可以采用以下话术内容。

"这一款数量有限，如果看中了一定要及时下单！"

"这次货品折扣仅限本次活动，想要的朋友抓紧时间哦！"

"我们这款产品只有10min的秒杀优惠哦，喜欢的朋友们赶紧下单哈！"

"还有最后3min，没有购买到的朋友赶紧下单哦！"

（六）下播话术

每一场直播都要有始有终，所以每天临近下播的时候，都需要有一套完整的下播话术，这不仅是对粉丝不舍之情的延续，也是主播对直播的总结。可以采用的话术内容如下。

1. 感谢陪伴

例如，"感谢今天的榜首×××、榜二×××、榜三×××，谢谢你们的礼物。"

"虽然×××没有陪我到下播的时候，但百忙之中抽时间过来实属难得。感谢所有送我礼物的朋友们，×××、×××（一一点出榜单上的名字就行）。另外，很多人从我一开播就来了，一直陪到我下播，比如×××、×××（各种点名）。感谢你们的陪伴。"

2. 直播预告

例如，"今天的直播接近尾声了，明天晚上×××点至×××点同样时间开播。"

"明天会提早一点播，××点就开播了，各位奔走相告吧！"

"明天休息一天，大家放假啦！后天正常开播。"

3. 歌声祝福

例如，"最后一首歌《××××》，唱完下播，希望大家睡个好觉，做个好梦，明天新的一天好好工作，晚上我们再聚。当歌声响起的时候就是各位清币清仓库的时候啦！"

4. 主播总结

例如，"今天一共收到×××万音浪，新增粉丝团成员×××个，涨了×××个关注，比预计的少了一点，我要更努力一点才行。"

从上述话术中不难发现，直播的时间不同，面对观众的不同需求，话术的侧重点也不同，这就需要主播不断总结，提高话术技巧。

☆ **小贴士：**

主播需要掌握不同话术的运用时机，如果在卖爆量的商品，主播需要头脑清晰，语言简洁，要点阐述顺畅，情绪高涨。

如果在卖单价高、转化难度大的商品，主播的话术逻辑性要强，要有画面感，要显露出深厚的知识底蕴。

如果在直播中出现空白时间或一时失语的情况，主播可以尝试从观众的互动中寻找话题。例如，放一首好听的歌，和大家聊一聊感想，分享穿衣小窍门、健身技巧、下厨经验，聊电影，讲故事等。尝试分享一些共通的生活化内容，拉近与粉丝的距离。

五、直播节奏把握

直播节奏是每位主播对一场完整直播的整体规划。主播需要明确直播的环节与流程，做到有始有终、有起有伏，给人有条不紊的感觉，体现专业性和规范性，同时提高粉丝用户的观看舒适度。直播一般可以分为开端、舒缓、提神、释放四个阶段，依次对应的作用分别是吸引粉丝、缓解疲劳、刺激促销和埋下伏笔。

（一）开端：吸引粉丝

直播开始时，主播需要欢迎进入直播间的粉丝，可以利用欢迎话术，来一波活动或互动活跃气氛，给粉丝留下良好的印象。主播在事先制定的直播脚本中要列好开头语和预告性质的话术。成功的直播预告可以带动初始流量，因此建议主播做好直播预告。

（二）舒缓：缓解疲劳

一场直播往往会持续2～3h甚至更久，不宜持续推介产品，建议在1.5h左右时，与粉丝交流一些有趣的日常话题，或是分发福利、表演节目、互动游戏等，提升直播的娱乐性，放缓直播节奏，进而缓解主播和粉丝的疲劳状态。

（三）提神：刺激促销

在直播过程中，主播要抓住粉丝活跃度最高、流量最大的时间点，播出事先策划好的促销活动内容及推荐当天的优质款产品，这样可以更好地带动粉丝消费，提升直播间的成交量。

（四）释放：埋下伏笔

在直播的尾声，主播需要做一波活动活跃气氛，并且为下一场直播进行宣传预告，埋下伏笔。最终，在一个用户活跃度较高的状态下下播，截留数据，为下一场开播积累流量。

六、直播中可能遇到的危机及解决办法

直播中难免会遇到意外、突发情况，除了依靠主播临场的应变能力之外，还需要直播团队针对各类突发情况做好预案准备工作。以下介绍三种常见的突发情况及解决预案。

（一）直播中的硬件问题

1. 卡顿

直播卡顿会造成直播的画面不流畅、画面和声音不同步的现象，往往会让观众有不舒适的观看体验，进而导致观众退出直播间。所以，保持良好的直播流畅度是一场直播的基础。

若是由于设备配置太低导致的卡顿，可以通过提升计算机的配置改善这种情况，一般可以采用英特尔i5处理器，有长期直播需求的主播，建议使用英特尔i7处理器。

网络环境不佳的情况，需要直播团队预先改善网络环境，建议采用50M及以上的光纤宽带，同时一个WiFi建议只供给一台直播设备。

2. 黑屏

直播过程中界面突然出现黑屏。当黑屏情况出现在计算机端时，点击推流按钮即可。

当黑屏情况出现在手机端时，一般是由于手机的摄像头被其他App占用或启动太多App导致手机运行卡顿，这时就需要手动关闭一些无关App，重新打开直播App，从而恢复直播。

如果重启直播App后仍然出现黑屏，就要检查一下网络情况，确认网络环境是否

正常。

3. 闪退

闪退是指直播过程中，软件意外自动关闭，或者打开软件就自行关闭。这种情况一般有两个原因，一是手机内存不足，二是App更新后不稳定。

如果手机内存不足，需要先清理手机内存，之后重新打开直播程序，恢复直播。

App不稳定的情况一般会出现在每次直播App更新后，导致直播闪退，可以重新打开程序，尝试恢复直播，若还是频繁闪退，就需要将有关问题及时反馈给直播平台方，寻求解决方案。

（二）直播中产品链接出现的常见问题

1. 产品链接失效

产品链接失效一般是由商家的商品下架导致的。但也有部分商家，特别是美妆类商家，会将优惠活动的商品放在其他链接中提供给主播，这类链接不会24小时有效，需要主播与商家进行对接。

2. 产品优惠额度不一致

在直播过程中，商家给粉丝提供的优惠与主播在直播中宣传的优惠不一致，需要分情况处理。

如果商家在直播时给出的优惠大于之前与主播协商的优惠。主播可以让粉丝向商家报出主播名称，先拍下商品，但不要付款。经协商后如果商家要求补差价，则告知粉丝根据自身的接受程度决定是否付款。

3. 粉丝无法加群

粉丝无法加群可能是因为粉丝拥有商家身份，遇到这种情况，只需要让粉丝自查是否为商家身份即可。

4. 粉丝互动不可见

遇到粉丝发言主播和其他用户不可见的情况，通常是粉丝的ID或者发言的内容存在违规问题，此时就需要主播耐心跟粉丝解释，并说明看到粉丝的留言后会立刻回复。

5. 粉丝对产品不满意

遇到粉丝收到货物不满意，在直播间发弹幕表达负面情绪（俗称带节奏）的情况，需要判断商品是否真的存在质量问题，如商品确实存在质量问题，可向粉丝保证退换货，并在下播后跟商家联系。

主播在直播中对于粉丝反映的问题，需要尽量及时提供解决方案，不宜过度纠结，避免被打乱直播节奏。常用的处理方式是在直播中予以解释、说明，并给出会解决问题的承诺，并在下播后联系商家，让商家在1～2天内解决。

6. 商家问题

遇到商家取消优惠、客服无人回复、产品（或福利样品）漏发等情况，应主动与商家协商解决，若无法解决，也要站在粉丝的立场维护粉丝利益，切忌将商家的错误揽到主播自己身上。

（三）直播中遇到恶意评论

在直播过程中，主播还会遇到粉丝突然发弹幕声称"主播好丑""主播怎么那么黑""主播你怎么脸那么大"的恶意评论。此时，主播要摆正心态，切忌与粉丝在直播间互骂，影响直播质量。同时可以以高姿态的方式予以回答，如针对"主播怎么这么黑"，可以回敬"是啊！所以我们才要在日常生活中注重保养。"

主播无法满足每一位观众的审美及趣味，所以应对"黑粉"最重要的就是要调整心态，切忌因攻击性言论影响直播状态。

第三节　直播任务实践

班别：　　　　　　　　　姓名：　　　　　　　　　学号：

一、直播工作团队组建（表7-2）

表7-2　直播工作团队

团队名称		
职务	姓名	工作职责
主播		
主播助理		
编导、质检		
拍摄、后期		
灯光、道具		
其他		
备注		

二、直播任务

（一）任务一：自由选品，单个产品5min直播

1. 产品分析与定位

直播的产品：_____

商品分类：服饰品/鞋帽/美妆/食品/母婴/洗护/数码/家电/箱包/保健/生鲜

品牌：_____

产地：_____

款型（颜色）：_____

材质：_____

功能、特点：_____

_____

_____

使用方法/场所：_____

_____

_____

使用人群（年龄、性别、职业、收入、品位）：_____

_____

_____

_____

原价格：_____

优惠价：_____

促销初步方案：（利用……手段……让顾客觉得产品……产生购买意愿）

_____

_____

2. 直播脚本（表7-3）

表7-3　直播脚本

序号	直播内容	产品关键词	介绍时长	台词

续表

序号	直播内容	产品关键词	介绍时长	台词

3. 设备和道具（表7-4）

表7-4　设备和道具

序号	设备和道具	作用

4. 直播工作评价（表7-5）

表7-5　直播工作自评/互评表

直播小组：＿＿＿＿＿＿＿＿＿＿＿＿　　产品：＿＿＿＿＿＿＿＿

内容	评价标准	分值	自评得分	互评得分	优点和缺点	改进建议
工作流程	团队能按照工作流程进行直播（开播准备、开播、下播整理）	10				
	团队只有部分按照工作流程进行直播	6				
	团队没有按照工作流程进行直播	3				
脚本准备	直播台词结构完整（开场、欢迎、介绍、催单、下播和预告）	10				
	直播台词结构不完整	6				
	直播内容没按脚本进行	2				
产品介绍	产品卖点介绍突出（外观、作用、优点、价格）	10				
	产品卖点介绍不够突出	6				
	产品介绍没有卖点	3				
产品展示	产品展示很详细	10				
	产品展示不够详细	5				
	没有产品展示	0				
团队协作	团队在直播互动、配合很默契	10				
	团队在直播互动、配合较默契	5				
	团队在直播互动、配合不够默契	0				
总计		50				

（二）任务二：指定产品，单个产品5min节日主题促销

1. 产品分析与定位

直播的产品：_____

产品分类：服饰品/鞋帽/美妆/食品/母婴/洗护/数码/家电/箱包/保健/生鲜

品牌：_____

产地：_____

款型（颜色）：_____

材质：_____

功能、特点：_____

_____

_____

_____

使用方法/场所：_____

_____

使用人群（年龄、性别、职业、收入、品位）：_____

_____

_____

_____

原价格：_____

优惠价：_____

促销初步方案：（利用……手段……让顾客觉得产品……产生购买意愿）

_____

_____

_____

2. 直播脚本（表7-6）

表7-6　直播脚本

序号	直播内容	产品关键词	介绍时长	台词

3. 设备和道具（表7-7）

表7-7 设备和道具

序号	设备和道具	作用

4. 直播工作评价（表7-8）

表7-8　直播工作自评/互评表

直播小组：＿＿＿＿＿＿＿＿＿＿＿＿＿　　产品：＿＿＿＿＿＿＿＿

内容	评价标准	分值	自评得分	互评得分	优点和缺点	改进建议
工作流程	团队能按照工作流程进行直播（开播准备、开播、下播整理）	10				
	团队只有部分按照工作流程进行直播	6				
	团队没有按照工作流程进行直播	3				
脚本准备	直播台词结构完整（开场、欢迎、介绍、催单、下播和预告）	10				
	直播台词结构不完整	6				
	直播内容没按脚本进行	2				
产品介绍	产品卖点介绍突出（外观、作用、优点、价格）	10				
	产品卖点介绍不够突出	6				
	产品介绍没有卖点	3				
产品展示	产品展示很详细	10				
	产品展示不够详细	5				
	没有产品展示	0				
团队协作	团队在直播互动、配合很默契	10				
	团队在直播互动、配合较默契	5				
	团队在直播互动、配合不够默契	0				
总计		50				

（三）任务三：自选产品，单个产品5min直播

1. 产品分析与定位

直播的产品：_____

商品分类：服饰品/鞋帽/美妆/食品/母婴/洗护/数码/家电/箱包/保健/生鲜

品牌：_____

产地：_____

款型（颜色）：_____

材质：_____

功能、特点：_____

_____

_____

_____

使用方法/场所：_____

_____

使用人群（年龄、性别、职业、收入、品位）：_____

_____

_____

_____

原价格：_____

优惠价：_____

促销初步方案：（利用……手段……让顾客觉得产品……产生购买意愿）

_____

_____

_____

2. 直播脚本（表7-9）

表7-9　直播脚本

序号	直播内容	产品关键词	介绍时长	台词

3. 设备和道具（表7-10）

表7-10　设备和道具

序号	设备和道具	作用

4. 直播工作评价（表7-11）

表7-11 直播工作自评/互评表

直播小组：_____ 产品：_____

内容	评价标准	分值	自评得分	互评得分	优点和缺点	改进建议
工作流程	团队能按照工作流程进行直播（开播准备、开播、下播整理）	10				
	团队只有部分按照工作流程进行直播	6				
	团队没有部分按照工作流程进行直播	3				
脚本准备	直播台词结构完整（开场、欢迎、介绍、催单、下播和预告）	10				
	直播台词结构不完整	6				
	直播内容没按脚本进行	2				
产品介绍	产品卖点介绍突出（外观、作用、优点、价格）	10				
	产品卖点介绍不够突出	6				
	产品介绍没有卖点	3				
产品展示	产品展示很详细	10				
	产品展示不够详细	5				
	没有产品展示	0				
团队协作	团队在直播互动、配合中很默契	10				
	团队在直播互动、配合较默契	5				
	团队在直播互动、配合不够默契	0				
总计		50				

第八章

短视频拍摄实践

第一节　短视频定义与分类

一、定义

短视频即短片视频，是一种互联网内容传播方式，一般是在新媒体上传播的时长在5分钟以内的视频。随着移动终端的普及和网络的提速，短平快的大流量传播内容逐渐获得各大平台、粉丝和资本的青睐。短视频分类大致如下。

二、分类

1. 短纪录片

短纪录片内容多以纪录片的形式呈现，内容制作精良，其成功的渠道运营优先开启了短视频变现的商业模式，被各大资本争相追逐。

2. 网红IP型

网红形象在互联网上具有较高的认知度，其内容制作贴近生活。庞大的粉丝基数和用户黏性背后潜藏着巨大的商业价值。

3. 草根恶搞型

以快手为代表，大量"草根"借助短视频在新媒体上输出搞笑内容，这类短视频虽然存在一定争议性，但是在碎片化传播的今天也为网民提供了不少娱乐谈资。

4. 情景短剧

情景短剧内容大多偏向短视频表现形式，该类短视频多以搞笑创意为主，在互联网上传播非常广泛。

5. 技能分享型

随着短视频热度不断提高，技能分享型短视频将知识碎片化，网友可以利用业余时间快速学习，所以在网络上也有非常广泛的传播。

6. 街头采访型

街头采访的目的性很强，以"话题"引发网友热议，目前是短视频的热门表现形式之一，其制作流程简单，话题性强，深受都市年轻群体的喜爱。

7. 创意剪辑

利用剪辑技巧和创意，制作的视频或精美或搞笑，有的加入解说、评论等元素。也是不少广告主利用新媒体短视频热潮植入新媒体原生广告。

☆ **小贴士：**

抖音短视频有效投放时间

在抖音早期想要把账号做大并不是一件难事，但是随着新用户的涌入，流量不断被分流，很多人都感觉到越来越难了。想要自己的视频登上热门，就要从以下多个方面进行研究。

（1）在准备投放之前，一定要做好粉丝画像明确自己引流的目的。

（2）先别一次性投入过多，小范围地去测试，如果效果好则逐渐递增，加大投放。

（3）投放时间要选择在爆款视频之后，并且是在流量推送结束的时候。

那么，抖音投放哪个时间最好呢？

（1）醒来后工作前时间段。7：00～9：00用户会运用吃早饭的时间或是乘车时间刷抖音解闷醒神。

（2）午睡时间段。12：00～13：00是大家的午睡时间段，一个上午的工作或是学习培训后，许多用户会运用午餐时间刷抖音消除疲劳。

（3）下班后时间段。17：00～18：00是学生放学和工薪族完成一天工作后的时间，在放学和下班的路上，刷抖音是许多人放松的休闲方式。

（4）入眠前时间段。21：00～23：00是大家准备入眠的时间，入眠前的娱乐方式非抖音莫属。

（5）周末时间。周末无须读书或是工作，有一大段空余的时间能够自由支配，除了逛街购物、用餐，很多年轻人挑选的娱乐方式毫无疑问是刷抖音。

第二节　拍摄短视频的常用设备

拍摄短视频的常用设备主要有手机和相机两种。还需要有稳定它们的支架，即稳定器，它的作用就是用来辅助拍摄时的稳定性，让用户在站立、走动甚至跑动的时候都能够保证稳定顺畅的画面。拍摄常用设备如图8-1所示。

图8-1　拍摄常用设备

手机桌面俯拍支架，自带补光灯，主要功能是防抖，多用于桌面静物拍摄或长时间拍摄防抖。如拍摄绘画、手工制作过程，拍摄美食图片等。

手机落地支架及蓝牙遥控器，多用于独自拍摄，或长时间拍摄同一镜头时保持稳定。手机设备支架如图8-2所示。

各类便携式补光灯，能在光线不足情况下保持一定画面曝光度和清晰度，或通过用光艺术打造不同的画面感。手机补光设备如图8-3所示。

图8-2　手机支架及遥控器

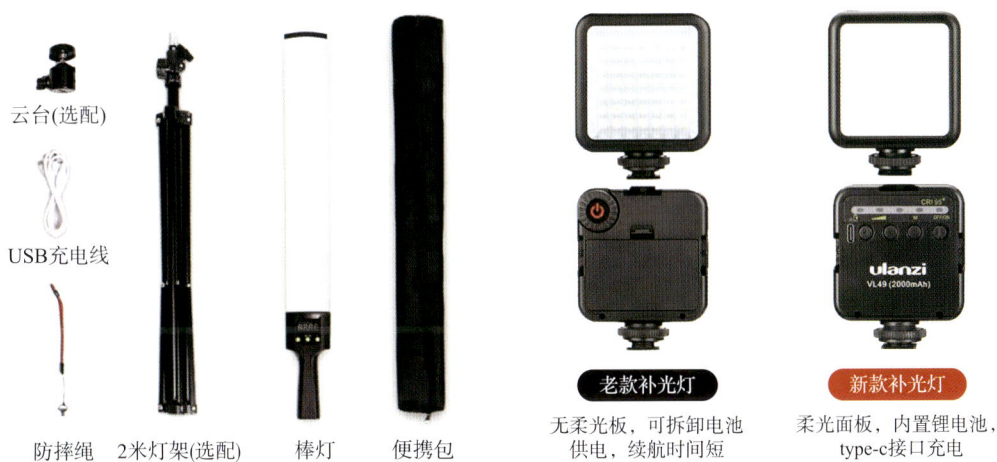

云台(选配)

USB充电线

防摔绳　　2米灯架(选配)　　棒灯　　便携包

老款补光灯

无柔光板，可拆卸电池
供电，续航时间短

新款补光灯

柔光面板，内置锂电池，
type-c接口充电

图8-3　手机补光设备

第三节　短视频脚本制作实践

一、产品分析与定位

直播的产品：_____

商品分类：服饰品/美妆/食品/母婴/洗护/数码/家电/箱包/保健/生鲜

品牌：_____

产地：_____

款型（颜色）：_____

材质：_____

功能、特点：_____

_____

_____

_____

使用方法/场所：_____

_____

使用人群（年龄、性别、职业、收入、品位）：_____

_____

_____

原价格：_____

优惠价：_____

促销初步方案：（利用……手段……让顾客觉得产品……产生购买意愿）

_____

_____

请分析你的客户群体特征（年龄、性别、职业或身份）：_____

_____

你认为以下哪些内容会吸引你的客户群体？

☐ 搞笑、无厘头类

☐ 高端大气

☐时尚炫酷

☐正能量故事

☐其他

分析观众观看短视频的耐心一般是多长时间？

☐1～5s

☐5～15s

☐15～30s

☐30～60s

二、编写短视频脚本

1. 女装品牌短视频脚本案例

剧情简述：女孩收到宴会邀请，她从衣橱中挑选出最喜欢的那条连衣裙赴宴。她在宴会的舞池中翩翩起舞，美丽的裙子让她看起来就像一朵盛开的鲜花，很快所有人都向她投来羡慕的目光，就连王子也为她倾倒。最后出现服装的品牌广告宣传语和Logo字幕。短视频拍摄脚本见表8-1。

表8-1　短视频拍摄脚本

镜头	时长（s）	运镜手法	构图技巧	景别	角度	内容描述
镜头-1	2	固定镜头	三分线构图	近景	平拍	女生站在窗前，风吹过头发
镜头-2	3	固定镜头	对称构图	中景	平拍	女生慢慢推开窗户
镜头-3	1	固定镜头	向心式构图	特写	平拍	女生看向镜头
镜头-4	1	固定镜头	三分线构图	中景	平拍	女生把手伸进衣柜，拿取一条连衣裙

镜头	时长（s）	运镜手法	构图技巧	景别	角度	内容描述
镜头5	1	固定镜头	居中构图	近景	俯拍	女生手拿连衣裙，目光看向它
镜头6	2	固定镜头	三分线构图	全景	俯拍	女生身穿连衣裙，轻快地从楼梯走下
镜头7	2	固定镜头	三分线构图	中景	平拍	女生与男舞伴在舞池里旋转起舞
镜头8	3	移动镜头	三分线构图	近景	平拍	女孩引起其他人的羡慕目光
镜头9	5	移动镜头	三分线构图	近景	平拍	裙摆飞扬
镜头10	4	移动镜头	三分线构图	中景	平拍	在露台，男舞伴给女生献花，服装品牌Logo浮现

2. 编写短视频脚本练习

剧情简述：

_____

_____

_____

_____

_____

_____

_____

_____

_____

_____

_____

15～30s产品短视频脚本练习见表8-2。

表8-2　15～30s产品短视频脚本练习

镜头	时长	运镜手法	景别	内容描述

续表

镜头	时长	运镜手法	景别	内容描述

续表

镜头	时长	运镜手法	景别	内容描述

三、短视频拍摄工作团队组建（表8-3）

表8-3　短视频拍摄工作团队

团队名称		
职务	姓名	工作职责
角色1		
角色2		
拍摄、后期		
灯光、道具		
场务		
其他		
备注		

四、设备和道具（表8-4）

表8-4　设备和道具

序号	设备和道具	作用

五、短视频评价表（表8-5）

表8-5　短视频评价表

团队名称：_____　　　　推广产品：_____

考试内容	要求	分值	得分
工作职责	主播工作表现良好	10	
	副主播工作表现良好	10	
	拍摄人员工作表现良好	8	
	后期制作工作表现良好	8	
	灯光和道具工作表现良好	8	
	助理工作表现良好	6	
视频拍摄（拍摄实操）	分工明确、团结协作；拍摄时注意操作安全、人员安全	10	
	规定时间内提交视频	5	
视频内容	视频内容主题突出	10	
	产品定位与视频拍摄风格相符	10	
	广告词有助产品销售	10	
	画面或剧情节奏适当、协调，节奏不拖沓	5	
演员和道具	演员形象、妆容符合产品品牌风格	10	
	道具使用得当，布景细致	5	
	色彩搭配符合配色原则	5	
后期编辑	画面稳定，画面清晰，构图适当	10	
	有字幕和音效	10	
总分		140	